小学校国語 教材研究ハンドブック

茅野政徳 編著

東洋館出版社

はじめに

　「伝え合い」「学び合い」「対話的な学び」、その時々で教育に求められる授業の在り方は変化してきました。新たな授業スタイルの構築に向け、熱意ある先生方は研修会に参加し、校内授業研究会では実際の授業を通してその理念や方法を理解しようと努めてきました。しかし、近年、その「伝え合い」や「学び合い」、豊かな対話を生み出す源となる教材に対する眼差しが、弱まっているのではないかと心配しています。少々乱暴ですが、料理に例えるならば、料理方法や提供の仕方にばかり目が向き、素材のよさ、素材の特徴・特長を吟味しないまま、フライパンや鍋に放り込み、味付けをしているようなものではないでしょうか。

　国語科に話を移すと、それは「話すこと・聞くこと」「書くこと」「読むこと」、すべての領域に当てはまります。文学的文章、説明的文章を「読むこと」の学習では、学習指導案にその文章の大まかなあらすじや内容は書かれていても、作者や筆者、初出、構成や表現上の特色などの分析が詳しく記述されていることは稀になりました。

　確かに教材研究には時間がかかります。その題材や文種について調べたり、文章を読み込んだりするのは大変な作業です。多忙な学校現場で、特に小学校は一人の先生が多くの教科を受け持つため、一つの教科の一つの教材の研究に時間をかけるべき、とは言いにくい状況です。

　そんな状況下でも、教材をしっかり見つめようとする先生方に数多出会ってきました。夏の研修会で何時間もかけ、全員で一つの物語文を読み込み、読後感や言葉の解釈を交流する学校にも出会いました。そして、熱意ある先生方から多く寄せられたのが、教材研究をがんばりたいのだがどのように取り組めばよいのか分からない。教材研究の方法やポイントを教えてほしいという声でした。

　一つ一つの教材を詳細に研究することは、その教材の特徴や魅力を掘り起

1

こすことに結び付きます。「お手紙」や「ごんぎつね」、「大造じいさんとガン」をはじめ、定番化した教材については、多くの教材研究が発表されてきましたし、一つの教材に特化し、教材の成立から語句の解釈まで網羅した書籍も刊行されており、先人たちの尽力に頭が下がる思いです。それらの取り組みを、その教材に「閉じた」教材研究と呼ぶことにします。それも大切であることは言うまでもありません。しかし、「閉じた」教材研究では、教材間、学年間の系統性やつながりは、なかなか見えてきません。

　そこで、本書では教材と教材を「つなぐ」教材研究のポイントを提案したいと考えました。「閉じた」教材研究ではなく、「開かれた」教材研究です。「開かれた」教材研究では、同じポイントで教材を見つめるので、教材と教材のつながりが見え、それを生かした学習活動が生み出されます。「この物語文も色彩表現が豊かだな」「前に学習した『語り手』に、この物語文でも着目できそうだ」「この説明文も考えのよりどころとなる事例が、身近な順に並べられている」「この説明文の構成は、これまで学習したことがない。過去の教材と比べる学習活動を導入で行ってみよう」など。

　「つなぐ」教材研究が出来るようになると、過去に学習した教材と今学習している教材、今学習している教材と未来に学習する教材が頭の中でつながるのです。教材という「点」と「点」が結ばれ、「線」になります。教師の意識は子どもに伝播し、「前に学習した○○では…」と、過去の学びと今の学びをつなげようとする子どもが現れます。そして先生は、「今学習していることが、次にみんなが学ぶ○○という文章の学習のときに生かせるよ」と、未来を語ることができるようになります。「つなぐ」教材研究は、「前に」が言える子ども、「次に」が言える教師を生み出すのです。

　本書では、教材間をつなぐ、開かれた教材研究として、文学的文章では、5つのユニットに分け、その中に35の教材研究のスイッチを設けました。また、説明的文章では、5つのユニットと28のスイッチを用意しました。本書が、教材研究に真摯に取り組む先生方の一助となれば幸いです。

（物語文） # ユニット・スイッチ一覧

ⓢ説明文 ユニット・スイッチ一覧

低中高：該当スイッチの学習に適した学年を示しています。

5

第1章

教材研究で
大切にしたいこと

本書刊行に当たって、現行の国語教科書に掲載されているすべての物語文と説明文を調査し、豊かな文章表現、確かな文章表現を整理しました。そこから、子どもたちの「読む力」を堅実に育てていくための教材研究の方法について、「設定」「段落」などの教材の構造や特性を捉えるための大きなまとまりを「ユニット」「題名」「段落のまとまり」などユニットを見つめるための、それぞれの教材がもつ目のつけどころを「スイッチ」としてまとめ、一つずつ紹介することにしました。第２章では物語文、第３章では説明文について、教材研究のユニットと、そのユニットに応じたスイッチを紹介します。

　その前に、第一章ではそもそも物語文、説明文とはどのような文種なのか。また、教材研究が必要な理由について記しました。一部の教材に限定されない普遍的な読み方をまずは私たち教師が、そして子どもたちが手にするために、学習指導要領における位置付けをはじめ、物語文と説明文、そして教材研究について理解しましょう。

1　物語文を理解する

（1）物語文を道徳教材にしない

　物語文や小説、いわゆる文学は１つの独立した芸術作品といえます。そこには、作家の独創性がつまっています。小学校国語教科書に掲載されている物語文には、動物と人間が会話し、心を通わすメルヘン作品もあれば、現実世界から異世界へと旅立ち、また現実世界に戻ってくるようなファンタジー作品もあります。もちろん、戦争当時の話など実際の出来事をフィクション化した作品や、現代の小学生が主人公の話などリアリティーのある作品も載っていますし、動物やオニなどが主人公となって、その世界で様々な出来事を繰り広げる昔話や民話なども載っています。文章を読むことで、作者が創

造した世界にふれ、子どもは日常では起こらない出来事に出合い、心を躍らせます。時に主人公に同化して悲しさや切なさを味わい、時に喜びや楽しさを共有します。平和の大切さ、努力することの尊さ、家族愛、成長すること、友達のありがたさ。作品を通して自らの考え方や日常の過ごし方を見つめ直したり、作品から多くのメッセージをつかみ取ったりすることもあるでしょう。そういう意味では、心の糧として文学を鑑賞すること自体に大きな意味がありそうです。

　しかし、ここで立ち止まっていると困ったことが起こります。それは、「特別の教科　道徳」の教材の扱い方と似てくることです。現に、「ひしゃくぼし」「幸福の王子」など道徳の教科書に載っている作品のいくつかは以前、国語の教科書に載っていました。「この物語の落としどころは？」「本時はどのようにまとめればよいの？」　こんな質問をいただくことがあります。学習の最後に「教師の訓話を聞く」という活動が設定されている学習指導案を手に取ったこともあります。そのたびに、「ああ、何かしらの価値観を作品から導き出したいのだな」「１つの結論やまとめに収束させたいのだな」と思ってしまいます。確かに「スイミー」を読めば、小さな存在でも力を合わせれば大きな存在となり得ると勇気づけられます。「お手紙」を読めば、親友の大切さ、愛おしさを実感できます。「一つの花」を読めば、戦争に翻弄される家族を通して平和であることの意味を見出せます。「ごんぎつね」を読めば、心を寄せること、心がすれ違うことの儚さと切なさを痛感します。

　物語文から何かしらの価値観を導き出すことは悪いことではありませんし、意識的にも無意識的にも教訓を得ようとする心理が働くことがあろうかと思います。一概には否定できないのですが、そこで立ち止まっていては、国語なのか道徳なのか分からないような授業が、今後もくり広げられてしまいます。

　この点に関しては、学習指導要領に「主題」という言葉が使われなくなったことと関係がありそうです。小学校学習指導要領では平成元年版、中学校学習指導要領では平成20年版の改訂で、学習指導要領だけでなく学習指導

要領解説編からも「主題」という言葉が消えました。「主題」という言葉が用いられなくなったのは、「読者論」という文学に対する考え方が広がりを見せたことともつながりがあるでしょう。文学作品とは誰のものでしょう。作者のものなのか、読者のものなのか。読者のものと考えれば、読者がどう読もうが勝手です。作者が想定した「主題」にたどり着く読みから解放された読者は、読みの舞台で自分らしく躍ることができます。

（2）物語文の学習を「開かれた学び」の場にする

　物語文から一定の価値観を導き出し、共有を図るような学習からも子どもは学びを得るでしょう。しかし、その学びは、次の学習に生きないことが問題です。まさに「閉じた学び」になってしまい、子どもたちが「読めるようになった」という実感は得られないでしょう。

　漢字や文法の学習は例外ですが、国語科はただでさえ、他教科等に比べ、次の3つの実感を得にくい教科だと考えられます。

> 「前よりもうまくいった！今の方ができる！」　➡成長・自己変化の実感
> 「できるようになった！使えるようになった！」➡技術習得の実感
> 「よくわかった！しっかり覚えられた！」　　　➡知識理解の実感

　物語文の学習を通して「読めるようになった」という実感を得、その読み方を次の物語文の読みに生かす。いや、次の物語文の学習に生かすだけでなく、日常の読書にも生かしてほしい。国語科学習が、生涯にわたる読書の役に立てれば嬉しい限りです。

　では、物語文の学習で文章に対するどのような見方を身に付ければ、それが読む力の礎となり、日常の読書、果ては生涯にわたる読書につながるのでしょう。そこで、本書のユニットとスイッチの登場です！

（3）物語文を見つめる目を育てるために

物語文の学習を「開かれた学び」にするために、どのような目が必要なのか。どのような目をもてば、様々な物語文の内容を正しく理解し、そこから解釈や想像の翼を広げられるのか。まずは、学習指導要領にヒントを得ましょう。

文学的文章の「構造と内容の把握」は、低・中・高学年で以下のように示されています。

イ 場面の様子や登場人物の行動など、内容の大体を捉えること。

イ 登場人物の行動や気持ちなどについて、叙述を基に捉えること。

イ 登場人物の相互関係や心情などについて、描写を基に捉えること。

また、「精査・解釈」の事項は、次のように位置付けられています。

エ 場面の様子に着目して、登場人物の行動を具体的に想像すること。

エ 登場人物の気持ちの変化や性格、情景について、場面の移り変わりと結び付けて具体的に想像すること。

エ 人物像や物語などの全体像を具体的に想像したり、表現の効果を考えたりすること。

上記の指導事項から中心となる語句を抜き出してまとめてみます。大きく以下の４点に分けられそうです。登場人物に焦点を当てた、Ｂの言葉たちが多いことが分かりますね。

Ａ 場面（の移り変わり）

Ｂ 登場人物　行動　気持ち・心情（の変化）　性格・人物像　相互関係

Ｃ 全体像

このような点を見つめる目を子どもがもつためには、まず先生がその点を理解していなければなりません。しかし、A〜Dは抽象度が高く、漠然としています。そこで細かなユニットとスイッチに分けることにしました。本書では、物語文の教材研究として5つのユニットと、それに応じた35のスイッチを用意しています。その概要を見ていきましょう。

ユニット1：「設定」を見つめる

ユニット2：「人物」を見つめる

ユニット3：「言葉」を見つめる

ユニット4：「飾り」を見つめる

ユニット5：「距離」を見つめる

①ユニット1：「設定」を見つめる

ユニット1では、物語文の設定に目を向けるスイッチを8つ用意しました。詳しくは第2章をお読みいただきたいのですが、作者や訳者、題名の確認から始まり、物語の舞台となる時と場、場面と出来事、山場と結末などに目を向けます。多くの物語文にふれている先生ならば、文種を確認したり、語り手や人称視点に目を向けたりするスイッチももちたいものです。

このユニット1は、先のA〜Dでいえば、Aの「場面」を捉えたり想像したりする土台となります。

②ユニット2：「人物」を見つめる

ユニット2では、登場人物に目を向けるスイッチを7つ用意しました。登場人物は誰か、から始まり、登場人物の会話や行動、表情を捉え、そこから気持ち・心情、性格・人物像を想像するスイッチをもちます。最終的には、

登場人物の境遇や関係、物語の上での役割に目を向けるスイッチをもつことができれば、かなり登場人物に近づけるのではないでしょうか。

このユニットは、先のA〜Dでいえば、もちろんBに当たります。

③ユニット3：「言葉」を見つめる

物語文の学習を「開かれた学び」にし、言葉そのものを学ぶ機会にするために最も重要なのが、このユニットです。文章を人の体になぞらえてみると、最初は裸の状態です。そこに様々な服を着せ、装飾品を身に付け、人目を引く物語文となります。その、服や装飾品の役割をしている「言葉」をどのように見つめればよいのか、14のスイッチを用意しました。

くり返しやオノマトペがなくても文は成立します。例えば、「波が、いつまでもいつまでもザーザーと押し寄せてくる。」という文は、「波が、いつまでも押し寄せてくる。」でも十分意味は通じます。しかし、「いつまでもいつまでも」というくり返しや「ザーザー」というオノマトペがあることで、場面の様子がより鮮明に浮かび上がってきます。色ことば、鼻ことば、肌ことばなども場面が頭の中で広がっていく手助けをしてくれます。こうやって考えると、このユニットには、Aの「場面」の様子を捉えたり想像したりするために必要なスイッチが盛りだくさんです。

複合語などは、登場人物の行動を強調する役割があります。例えば、「どなる」と「どなりちらす」、「飛ぶ」と「飛び去る」。複合語を用いることで、より登場人物の行動が明確になります。このユニットには、Bの「登場人物」を捉える面でも重要なスイッチが含まれています。

上記の言葉の数々も、物語文を引き立てる効果抜群の言葉たちですが、スイッチ12の「カギことば」、スイッチ14の「文学ことば」などは、ダイレクトに表現の効果を感じられるスイッチといえます。Dの「表現の効果」は高学年の指導事項ですが、低学年の文章にも効果的な表現は多々使われています。ぜひ、言葉そのものを見つめる14のスイッチをもって、教材研究をし

ましょう。

④ユニット4：「飾り」を見つめる

　ユニット4では、文章中の言葉に目を向けるスイッチではなく、目を向けるべき言葉に気付けるようになるスイッチを2つ紹介しています。先に物語文は、裸の状態から様々な服を着せ、装飾品を身に付け、人目を引く存在になると述べましたが、一度裸の状態に戻すためのスイッチです。けずってみると、作者が裸の文章にどのような服を着せ、装飾品を付けたのかが見えてきます。また、洋服や装飾品を違う品に変えてみると、その服や装飾品の特徴が見えてきます。けずるスイッチ、変えるスイッチをもつと、作者の表現の工夫や、その表現の効果に気付けるようになる。そういう点でいえば、このスイッチは、Dの「表現の効果」に関係が深いですね。

⑤ユニット5：「距離」を見つめる

　最後のユニットでは、「距離」を見つめます。世に送り出された時期によって文章がもつ「当たり前」と、それを読む子どもの「当たり前」にずれが生じる場合があります。登場人物に芽生えた気持ち・心情を理解できない子どももいるかもしれません。先生が文章から感じ取ってほしいテーマや、文章から導き出してほしい全体像と、子どもが感じ取り導き出すテーマや全体像に大きな開きが生まれるかもしれません。子どもは、物語文に真正面からぶつかっていけるのでしょうか。何か手立てを講じないとぶつかることができないのでしょうか。このユニットは、Aの「場面」、Bの「登場人物」、Cの「全体像」、どれにも関係するでしょう。場面や登場人物を適切に理解するためにも、物語文の全体像を捉えるためにも、教材研究の締めくくりとして、このユニットで扱う4つのスイッチを意識してほしいです。

2 説明文を理解する

（1）内容から形式へ、冷静から情熱へ

　1950年代まで、新聞社は伝書鳩を使って原稿や写真を送っていたそうです。戦後、電話やテレビ、ファックス、携帯電話、そしてインターネットと情報のやり取りをする手段は格段に高速化、簡便化しました。子どもから大人まで情報を得る手段は文字媒体から音声、映像媒体へと変化してきました。その変化につれ、説明文の役割も変化してきました。新たな情報や知識を得る媒体であることに変わりはありませんが、そのニーズは低下しているといってよいでしょう。最たる説明文が新聞だとすれば、その発行部数の低下は顕著です。では、今なぜ説明文を学習するのか。そこで注目されるのが形式を知ること、その形式を使って表現することを支える説明文の役割です。何が書かれているのか（内容）だけでなく、どのように書かれているのか（形式）。そこに目を向けることが必要となります。

　いくつか具体例を考えてみましょう。あなたの周りに、この人の話は分かりやすいなという人はいないでしょうか。その人はどういう筋道で話を構成しているでしょうか。また、聞き手を引き込んだり、興味をそそったりするような表現を用いていないでしょうか。

　料理番組はどうでしょう。最初に料理に使う材料を紹介する。その後、手順通りに調理を進める。そのときに、まず、次に、などの接続語を用い、順序立てをはっきりさせる。または、大まかに調理法を説明しながら、必要に応じて注意点やポイントを挿入する。そして、完成まで導く。

　同じ内容を伝えるにしてもその順序や組み立て、用いる表現によって聞き手や読み手への伝わり方は変化します。

　説明文の筆者は、基本的にその道の専門家や研究者です。そのような立場

の筆者が、自らが興味関心を抱き、大好きな事象の魅力やすばらしさ、すごさ、長所や工夫などを知らせたいと執筆に励んだのが説明文です。より分かりやすく伝えたい。そのような思いを端々に感じ取ることができます。説明文は決してすべてが客観的で冷静な文章ではありません。血の通った、情熱のこもった文章と捉えることもできるのです。もちろん、事象そのものを伝えるため、短所も含め、極力事実を客観的かつ冷静に述べている文章もあります。総じて、説明文とは、冷静と情熱のあいだに生み出された文章であることを心に留めておいてください。

　新たな知識や情報を得るため。その情報の伝え方を知り、自らの表現に生かすため。そして、筆者の考えや思いを知るため。説明文を学習する様々な意味を理解し、教材と向き合いたいですね。

（2）説明文を見つめる目を育てるために

　物語文ほどではないですが、説明文でも内容に「閉じた学び」にとどまっている学習に出合うことがあります。あり、たんぽぽ、ビーバー、めだか、アメンボ、大豆、固有種、鳥獣戯画、イースター島、白神山地、東京スカイツリー。確かに魅力的な題材が目白押しですし、私も各社の説明文を読んで新たに知ることがたくさんあります。「へえー」と言いたくなりますし、そのものを見てみたくなります。しかし、そこに立ち止まっていたら、生活科や理科、社会科の延長のような学習になってしまうかもしれません。

　物語文同様、「開かれた学び」を創り出す必要があります。そのためには、どのような目が必要なのか。子どもがどのような目をもてば、様々な説明文の内容を正しく理解し、自分の考えをもてるのか。まずは、学習指導要領にヒントを得ます。説明的文章の「構造と内容の把握」は、低・中・高学年で以下のように示されています。

> ア　時間的な順序や事柄の順序などを考えながら、内容の大体を捉えること。

ア　段落相互の関係に着目しながら、考えとそれを支える理由や事例との関係などについて、叙述を基に捉えること。

ア　事実と感想、意見などとの関係を叙述を基に押さえ、文章全体の構成を捉えて要旨を把握すること。

また、「精査・解釈」の事項は、次のように位置付けられています。

ウ　文章の中の重要な語や文を考えて選び出すこと。

ウ　目的を意識して、中心となる語や文を見付けて要約すること。

ウ　目的に応じて、文章と図表などを結び付けるなどして必要な情報を見付けたり、論の進め方について考えたりすること。

　上記の指導事項から中心となる表現を抜き出してみます。下図のように文章の設定に関するものから、段落内の構成に関するもの、文章全体の構成に関するものと幅広い表現が見られます。

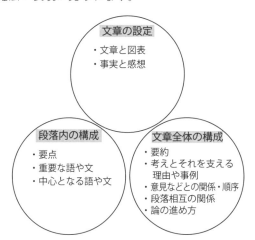

　上記の表現を頭に入れながら、説明文を見つめる多様な目を子どもに育むために、第3章では、先生が教材研究の時点で見つめるべきユニットともつ

べきスイッチを明らかにしました。5つのユニットと、それに応じた28の
スイッチです。その概要を紹介します。

ユニット1:「設定」を見つめる
ユニット2:「一文」を見つめる
ユニット3:「段落」を見つめる
ユニット4:「文章」を見つめる
ユニット5:「距離」を見つめる

①ユニット1:「設定」を見つめる

このユニットでは、説明文の設定を見つめます。筆者、題名・話題、段落
数、文種、資料という5つのスイッチを用意しました。ぜひ、筆者に注目し
てください。物語文の作者ほど注目されず、いつもかわいそうに思います。
筆者の多くは、ふだん子ども向けの仕事をしているわけではありません。そ
んな筆者が、読者である子どもを思い浮かべ、一生懸命書いた文章ですから。
また、文種のスイッチもぜひもってください。説明的文章は多様です。スパ
ゲッティに、ナポリタン、ミートソース、カルボナーラ、ペペロンチーノ、
和風など様々な種類があるように。文種のスイッチをもつと、6年間の系統
性が見やすくなります。

②ユニット2:「一文」を見つめる

ユニット2では、一文を見つめます。私たちは、つい段落や文章全体に目
を向けがちですが、一文の積み重ねが段落であり文章です。一文をしっかり
と理解するために6つのスイッチをもちましょう。スイッチ1に「主語と述
語」を置きました。主語を「わたし」から「わたしたち」に変えるだけで、
読者の印象は変化します。「わたしたち」と言われたら、読者も当事者とし
て巻き込まれます。説明文では、問いかけや投げかけも多く使われます。し

かし、使われる場所が、学年が上がると変化していきます。スイッチ６にある「資料と文の関係」は、主に高学年の教材研究でもちたいスイッチです。高学年の文章は内容が高度になり、文章量も多くなります。文字情報だけで内容を理解するのが難しいため、写真や絵、図や表、グラフなど文字以外の情報が多く取り入れられるようになります。その資料はどの文と対応しているのか。また、その資料にはどのような効果があるのか、一緒に考えましょう。

③ユニット３：「段落」を見つめる

　一文を見つめた先に、段落を見つめるユニットを設けました。問いを表す段落もあれば、それに対応する答えが表される段落もあります。考えを表す段落の前に、よりどころを示した段落が置かれることも多くあります。その、よりどころとなる段落が複数集まり、まとまり（意味段落）を作ることもあるでしょう。また、読者がスムーズに読み始められるように第一段落を工夫する筆者もいます。読者の批判や反論を想定して、クッションとなる文を入れた段落を挿入する筆者もいます。一つ一つの段落の役割や機能を見つめるのが、このユニットです。

④ユニット４：「文章」を見つめる

　さて、文章全体を見つめるユニットに移りましょう。まずは順序です。このスイッチは低学年の教材研究からもっておきたいです。時の順序、大きさの順序、身近さの順序、手順。いろいろな順序を知り、教材研究に生かしましょう。次に構成のスイッチ。「始め－中－終わり」という王道の構成もあれば、結論を最初と最後に述べ、主張を強調する双括型の構成もあります。「このように」と始まる段落で終わらず、結論を広げる段落を付け加える構成もあります。文章全体にカギとなる語句や文を散りばめたり、要所にカギとなる語句や文を置いたりし、読者に印象付ける効果をねらった文章もあります。文章全体を把握したうえで、要約したり、要旨を捉えたりするスイッ

チも必要です。順序、構成、カギことば、要約、要旨。この５つのスイッチ
は、文章全体に目を向ける重要なスイッチです。

⑤ユニット５：「距離」を見つめる

　最後に、物語文同様「距離」を見つめます。説明文に取り上げられる題材
に対し、子どもはどれほどの知識や体験を有しているでしょうか。また、文
章中に用いられている語句を子どもは適切に理解できるでしょうか。そこに
距離があると、文章の内容を確かに受け取れない可能性があります。「知識・
体験」、「使用語句」に対するスイッチをもつことで手立てが講じられるよう
になります。

　最後に、筆者の「意見・主張」に対するスイッチです。読者は、筆者の意
見・主張に100％賛同する必要はありません。先生が、「この文章に載って
いる事例だと納得がいかないな」「筆者の主張は言い過ぎではないかな」と
考えたとします。子どもは筆者の意見・主張に対してどのような考えをもつ
でしょうか。筆者に対峙する強い読者を育てるために、先生が「意見・主張」
に対する「距離」を見つめるスイッチをもつことが大切です。

3　教材研究は、どうして必要なのか

　ここまで、物語文と説明文の教材研究に必要なユニットとスイッチの概要
を述べてきました。こんなにたくさんのスイッチをもつのは大変だな、と思
われた先生もいらっしゃるでしょう。でも系統的に指導していくためには必
要ですし、そのスイッチで文章を読むことをくり返すうちに、必ず身に付き
ます。ユニット・スイッチを用いた教材研究が、どうして必要なのか解説し
ます。

物語文も説明文も、日常生活において一人で読むことができます。ある程度の内容は、一人読みでも理解することができるでしょう。しかし、あくまで「ある程度」ではないでしょうか。私は、学校で物語文や説明文を学習することに大きな意味があると考えています。子どもたちにその意味をどのように伝えればよいでしょうか。物語文を学習する意味を子どもに問われたとき、私は次のように答えていました。

　「立ち止まる言葉を増やしたり、読み進めるための新しい着眼点を知ったりし、より作品を楽しむ方法を見つけられる。『読めていない』ことが、『読める』ようになるために学習するんだよ。」

　子どもは、何が「読めていない」のでしょうか。そこに教材研究のカギがあります。子どもが読めていない点は何なのか、明らかにするのです。教材研究により、先に述べたような教材の内容を教えることに終始する「閉じた学び」から抜け出し、「開かれた学び」を創り出す第一歩を踏み出せます。長年言われ続けていることですが、「教材を教える」という立場から「教材で教える」という立場への変化が生まれます。教師の、授業や教材に対する意識が変わります。

　私が担当する大学院生の調査でも、私たち大人も、意外と「読めていない」ことが、明らかになっています。登場人物の心情が想像できる言葉に線を引く活動において、予想よりはるかに少ない言葉にしか線を引かなかったのです。確か全体の四割程度だった記憶が…。まさか！って…事実です。確かに、豊かに読むためには、立ち止まる言葉を増やす必要があります。教材研究はもちろん子どもたちの学びのためにあるのですが、その前提で大切なのは、先生がその文章と正対し、その文章を深く理解し、その文章に魅力を感じることです。先生が深く文章を理解し、魅力を感じていれば、その文章への向き合い方は必ず子どもたちに伝わります。魅力を感じない文章だったらどう

すればよいか？　なぜ、自分はその文章に魅力を感じないのか教材研究によって明らかにすればよいのです。

　文章の言葉一つ一つに立ち止まるスイッチ、文章全体を俯瞰するスイッチをもち、確かに内容を理解し、豊かな想像を膨らませる子どもをともに育てましょう。言葉に敏感な子どもの姿を追い求めましょう。子どもたちのために、まずは先生が文章に惚れる。それが教材研究の第一歩です。

　第2章から、教材研究のユニットとスイッチを一つずつ紹介します。スイッチで取り上げた用語は、前述したように学習指導要領をもとにし、また教科書の記載をふまえていますが、低・中・高と示した学年はあくまで主に教材研究をしてほしい目安です。また、これらの用語をそのまま子どもに知らせる必要はありません。教材研究のユニットに応じたスイッチの名称だと理解してください。

　本書の第2・3章は、辞書のような体裁をとり、現在刊行されている4社の国語教科書の実例を可能な限り載せました。どのユニット・スイッチから読んでいただいても構いません。

　「このユニットは押さえているな」「このスイッチはもっているな」「このスイッチをもって文章を読んだことはなかったな」。

　これまでのご自身の教材研究を見つめ直し、教材研究の新たな扉を開きましょう。

※本書において、教科書会社名は以下の通り、略記しております。

　光村図書：光村

　東京書籍：東書

　教育出版：教出

　学校図書：学図

第2章

物語文の
ユニット・スイッチ

ユニット1:「設定」を見つめる
スイッチ1:作者（訳者）と出典

Point 作品には、様々な背景があります。どこの国のだれが、いつ書いたのか。それを知ることによって読む前提が変わります。

誰からいつ生まれたか。物語の生い立ちを知る

物語は時代を映し出す鏡です。例えば、椋鳩十氏作「大造じいさんとガン」。残雪と大造じいさんの戦いを描いた物語ですが、現在はがん狩りが禁止されています。この作品の生い立ちを簡単にまとめてみましょう。

・雑誌掲載　「少年倶楽部」1941年　前書きなし　常体

・作品集掲載　『動物ども』1943年　前書きあり　敬体

・前書きの有無　あり：光村・学図　なし：東書・教出

・常体・敬体　常体：教出・学図　敬体：光村・東書

・掲載題名　大造じいさんとがん　大造じいさんとガン　残雪　がん

題名は作品の顔です。それが変わるとだいぶ印象が変わりますね。出典を知ることで、作品がたどってきた歩みが分かります。

他にも題名に着目したい作品があります。

・立松和平作「海のいのち」（1993年）
　教科書掲載：東京書籍「海のいのち」　光村図書「海の命」

・新美南吉作　草稿：「権狐」（1931年初出）：「ごん狐」（1932年）
　教科書掲載　光村・東書・教出・学図「ごんぎつね」

「海の命」（光村六）は題名に漢字が使われているだけでなく、絵本「海の
いのち」には書かれていない一文「母が毎日見ている海は、いつしか太一に
とっては自由な世界になっていた。」が挿入されています。

　「ごんぎつね」（光村四下）の結末は、草稿「権狐」と異なります。

○
○　「ごんぎつね」：ごんは、ぐったりと目をつぶったまま、うなずきまし
○　た。
○　「権狐」：権狐は、ぐったりなったまま、うれしくなりました。
○

　「たぬきの糸車」（光村一下）は岸なみ氏の作で、『伊豆の民話』（1957年）
に採録された話が元になっています。物語の中盤で、たぬきはわなにかかり
ます。その場面は、「おかみさんがこわごわいってみると、いつものたぬき
が、わなにかかっていました。」と書かれていますが、挿絵では、たぬきが
足首を縛られ、宙づりになっています。かなり具体的ですね。『伊豆の民話』
では、「あのあいきょうもののたぬきが、片足をわなにはさまれて、さかさ
まにつるさがっていました。」と書かれています。きっと挿絵を描いた村上
豊氏は『伊豆の民話』を読み、挿絵を描いたのだと思われます。

　「お手紙」（光村二下）は、アーノルド＝ローベル氏の作品です。かえるく
んが着ている洋服に見覚えがあります。そう、「お手紙」とともに『ふたり
はともだち』に載っている「ボタン」という作品でがまくんが縫ってあげた
上着を着ているではありませんか。シリーズの作品であり、また文と絵のど
ちらもローベル氏の作だからこそ出来る技です。

　最後に、「ミリーのすてきなぼうし」（光村二上）。この物語には英語版
「Millie's Marvellous Hat」があり、作者きたむらさとし氏がイギリスと日本
の文化に配慮したことがうかがえる箇所があります。（詳しくはユニット5で）

　教材研究のスタートとして、最も基本的な情報である作者（と訳者）、そ
して作品の生い立ちに目を向けましょう。

ユニット1:「設定」を見つめる
スイッチ2:題名

Point 題名は、作品の顔です。では、どのように題名は付けられているのでしょうか。何を私たち読者に伝えているのでしょうか。

題名は、読者の頭に「読む構え」を創り出す

　教科書に載っている物語文には、必ず題名がついています。まさに作品の顔といえる存在です。さて、題名はどのような情報を私たちに与えてくれるのでしょう。光村を例に、題名を大きく6種類に分けてみます。

---

①**人物や主人公**　　「スイミー」「ごんぎつね」「大造じいさんとガン」

　　→一寸法師、桃太郎、かぐや姫、シンデレラなど、昔話に多い付け方。

②**中心的事物**　　「お手紙」「白いぼうし」「モチモチの木」「やまなし」

　　→何をめぐって物語が展開するのか、見通しを持つことが出来る。

③**象徴・キーワード**　　「カレーライス」「一つの花」「海の命」

　　→その事物や言葉が、作品のテーマや全体像に大きな影響を与える。

④**出来事**　　「ちいちゃんのかげおくり」「きつつきの商売」

　　→どのような出来事が作品の中心になるのか予想が立てられる。

⑤**セリフ・心情**　　「ずうっと、ずっと、大すきだよ」「なまえつけてよ」

　　→登場人物の気持ちや心情が想像できる。大切なセリフは、物語のクライマックスで発せられることが多そう。

⑥**舞台（場・時）**　　「三年とうげ」「帰り道」

　　→作品の舞台が明かされる。そこで何が起こるのか、期待が膨らむ。

---

　⑤にある「なまえつけてよ」（光村五）の結末を紹介しましょう。

○
○
○ 受け取ったものを見て、春花は、はっとした。
○ 紙で折った小さな馬。不格好だけれど、たしかに馬だ。
○ ひっくり返してみると、ペンで何か書いてある。
○ なまえつけてよ。
○ らんぼうなぐらいに元気のいい字が、おどっている。
○ 勇太って、こんなところがあるんだ。
○

　勇太に対する春花の心情が大きく変化する場面です。題名となっている「なまえつけてよ」という７字が効果的な役割を果たしていますね。

　「わすれられないおくりもの」（教出三上）は、③に当てはまります。天国に旅立つあなぐまは、みんなに「目に見えないおくりもの」を残します。

　「だいじょうぶ　だいじょうぶ」（東書五）は、⑤に当てはまります。「ゆうすげ村の小さな旅館－ウサギのダイコン」（東書三下）は、題名が⑥、副題が②となるでしょう。

　「注文の多い料理店」（東書五）は、単なる⑥舞台を表しているだけでなく、「注文の多い」のが客から店ではなく、店から客という、読者の常識を覆す魅力的な題名ですね。

　「川とノリオ」（教出六上）の学習の手引き（本文のあとに学習活動を示しているページ）には、「題名が『ノリオと川』じゃなくて、『川とノリオ』になっているのはどうしてだろう」と書かれています。題名の意味に目を向ける設問といえます。そういえば、学習中に「なんで、『大造じいさんと残雪』ではないの？」と質問する子どもがいたことを思い出しました。

　「ハリーポッターと賢者の石」「ゲルニカ」「世界に一つだけの花」。映画、絵画、歌の題名も様々な情報を私たちに与え、観る、聴く構えを創り出してくれます。子どもが、本文に出合う前に、題名からワクワクしながら想像を膨らませる姿を大切にしたいなと思っています。

スイッチ3：挿絵

> **Point** 挿絵もまた、様々な情報を与えてくれます。その情報の「確かさ」に目を向けないと困ったことが起きそうです。

挿絵と文章は一体か、それとも別々か

　教科書に載っている物語文、子どもが図書館や本屋さんで出合う本の多くに絵が載っています。表紙の絵に目を奪われ、本を手に取ることもありますね。さて、その本の挿絵は誰が描いているのでしょう。

　スイッチ1で作者や訳者を取り上げましたが、挿絵画家にも注目してみませんか。「モチモチの木」の印象的な版画の絵は、おなじみかもしれません。作者は斎藤隆介氏、絵は滝平二郎氏が手がけています。では、「白いぼうし」の作者はあまんきみこ氏だと知っていても挿絵画家は誰か言えますか。

　調べてみたところ、今では題名の下に作者とともに挿絵画家の名前が載っていることは当たり前になりましたが、その歴史は意外と浅いのです。昭和50年代半ばまでの教科書は巻末に一覧として載せられることが多く、挿絵画家の一覧すら載せない出版社もありました。教材の最初に作者名とともに載せられるようになったのは、平成4年度版以降の教科書です。

　以前、絵と文章で構成されている作品を、作家と挿絵画家の関係を基に、次のように分類したことがあります。

（1）**「絵本」** 同一人物が手がけた文章と挿絵が明確な関係性を有し、相互補完した「文章・挿絵一体型」の物語：絵は確かな情報源

（2）**「挿絵入り物語」** 文章としての完結性が高く、文章が主導し、挿絵が導かれた物語

> A：「**文章・挿絵合作型**」：作者と画家が連携し、合作としての刊行が企
> 図されたと想定される物語：**絵は有力な情報源**
>
> B：「**文章・挿絵独立型**」：作者が文章のみで公表することを前提とし、
> 後に挿絵が付された物語：**絵は確かな情報源とは限らない**

さて、（1）、（2）A、（2）B。どれが多いと思いますか。昭和36年以降
に教科書に掲載された物語文で掲載回数が多かった作品トップ10で考えて
みましょう。

> 1位：ごんぎつね（2）B　　　　2位：大きなかぶ（2）B
>
> 3位：かさじぞう（2）B　　　　4位：大造じいさんとがん（2）B
>
> 5位：一つの花（2）B　　　　　6位：白いぼうし（2）B
>
> 7位：お手紙（1）　　　　　　　8位：注文の多い料理店（2）B
>
> 9位：手ぶくろを買いに（2）B　　10位：川とノリオ（2）B

（2）B「独立型」が圧倒的に多いことが分かります。掲載回数10回以上
の教材61編を分類しても44編が独立型で、（1）「一体型」は「お手紙」、「ス
イミー」、「アレクサンダとぜんまいねずみ」と3編しかありません。

こうやって考えてみると、「ニャーゴ」（東書二上）は宮西達也氏、「だい
じょうぶ　だいじょうぶ」（東書五）はいとうひろし氏、「ずうっと、ずっと、
大すきだよ」（光村一下）はハンス＝ウィリアムス氏、「わすれられないおく
りもの」（教出三上）はスーザン＝バーレイ氏が文章と絵の両方を手がけ、
すごいの一言です。

教科書には紙面の制約があるため、原典の挿絵をすべて載せられるわけで
はありません。また、先ほどの（2）Bのように挿絵画家によって異なった
挿絵が描かれ、人物や場面に関する想像を左右することがあります。ぜひ、**挿
絵の情報の「確かさ」**にも注目し、学習場面での扱い方を考えてみてください。

ユニット1:「設定」を見つめる
スイッチ4：時と場

 子どもにとってなじみのある時代や年代、イメージできる場所なのか。物語の土台となる時と場に目を向けましょう。

「大きな時と場」、「小さな時と場」を確かめる

「海の命」（光村六）。太一は「瀬」に潜ります。「世界一美しいぼくの村」（東書四下）の舞台は、アフガニスタン。私たち大人は、日々のニュースなどでその現状を垣間見ることがある国です。では、子どもは「瀬」をどのような場所だと思っているのでしょうか。また、アフガニスタンの内戦や現状をどこまで理解しているのでしょうか。

新美南吉氏作「ごんぎつね」には、雑誌「赤い鳥」に投稿した際に書かれた草稿「権狐」が残されていることをスイッチ1で紹介しました。それを読むと、「徳川のお殿様」と、時代を明らかにする記述があります。

どの時代の、どの国の、どの場所（地方）の話か。物語を包み込む「大きな時と場」と、物語内で変化する「小さな時と場」の両方に目を向けることは、低学年の指導事項「イ 内容の大体を捉えること。」の大元となり、ユニット5「距離」を見つめることにも関係します。まずは、「大きな時と場」の例として、「世界一美しいぼくの村」の冒頭を取り上げます。

　　アジアの真ん中にアフガニスタンという国があります。めったに雨がふらないので、かわいた土とすなばかりの国のように思われています。でも、万年雪をかぶった高い山が連なり、森や見わたすかぎりの大草原もあって、春になれば花がさきみだれ、夏になれば、果物がゆたかに実る美しい自然がいっぱいの国です。

この「大きな場」の設定が、アフガニスタンに対するイメージを変えるとともに、その風景のイメージが豊かに広がり、「世界一美しいぼくの村」へと読者をいざないます。

　「スーホの白い馬」（光村二下）の場は、モンゴルです。

　　　中国の北の方、モンゴルには、広い草原が広がっています。そこにすむ人たちは、むかしから、ひつじや牛や馬などをかって、くらしていました。

　　　このモンゴルに、馬頭琴というがっきがあります。がっきのいちばん上が、馬の頭の形をしているので、馬頭琴というのです。いったい、どうして、こういうがっきができたのでしょう。

　　　それには、こんな話があるのです。

　物語の舞台がモンゴルであること。モンゴルの人々の生活。そして、馬頭琴という楽器が物語の大きなカギになることを伝えています。

　「小さな場」の例として、「一つの花」（光村四上）を挙げましょう。

　　　お父さんは、プラットホームのはしっぽの、ごみすて場のような所に、わすれられたようにさいていたコスモスの花を見つけたのです。

　お父さんがコスモスの花をゆみ子に渡し、戦争へと旅立つ物語の山場の一節です。さて、お父さんはどれくらいの距離にあるコスモスを見つけ、採りに行ったのでしょうか。子どもに聞いてみると、教室ひとつぶんや廊下の端から端までなど意外に長い距離を想像していることが分かります。その際、次の文と結び付けているでしょうか。この場を意識している先生や子どもは少ないと感じることがあります。

> 　ゆみ子とお母さんの他に見送りのないお父さんは、プラットホーム
> のはしの方で、ゆみ子をだいて、そんなばんざいや軍歌の声に合わせ
> て、小さくばんざいをしていたり、歌を歌っていたりしていました。

　この家族は、親戚縁者がそばに住んでいないのでしょう。他の兵隊さんに
は大勢の見送りがあり、出征の時を華やかに演出しています。気後れし、プ
ラットフォームの端の方でたたずむ親子。自分たちの身の上とコスモスが重
なったのでしょう。コスモスは近くに咲いています。それを捉えるといかに
お母さんが心細く、お父さんは残す家族を心配しているかが分かってきます。

　「小さな場」の例として、「白いぼうし」（光村四上）も紹介します。お客
のしんしがタクシーを降りたのは、「大通りを曲がって、細いうら通りに入
った所」と記されています。そこで運転手の松井さんは女の子に出会います。
なぜ、細いうら通りという場なのか考えてみましょう。

> 　「道にまよったの。行っても行っても、四角い建物ばかりだもん。」
> 　つかれたような声でした。

　女の子は、高いビルに挟まれ、多くの車が行き交う大通りの喧騒に戸惑い、
恐さや不安を抱いています。それを避けようとする女の子（ちょう？）の気
持ちが見えてきます。そう考えると、松井さんが女の子と出会うのは、大通
りではなく、細いうら通りでなくてはならなかったのです。

　もう一つだけ、最初に示される「小さな場」が、その後の展開の伏線とな
っている物語文を取り上げます。「誓約書」（学図六上）です。

> 　細い路地のつきあたりに、古い二階建てのアパートがあります。こ
> の一階には、またたびトラベルという、小さな旅行会社が入っています。

「またたび」が猫の登場の伏線になり、「古い」が過去とつながる伏線になっています。古い二階建てのアパートという場が、親子二代に渡って捨て猫を拾い飼うかどうか迷う、時の経過の長さを物語っています。

　さらに、時に目を向けます。「大きな時」としては、「一つの花」がわかりやすいでしょう。現在では当たり前に買えるものが「どこへ行っても」ないことを読者に知らせ、また「おいもやまめやかぼちゃしか」ないという時代の設定が、その後のゆみ子の「一つだけちょうだい」を導きます。

> 　まだ戦争のはげしかったころのことです。
> 　そのころは、おまんじゅうだの、キャラメルだの、チョコレートだの、そんな物はどこへ行ってもありませんでした。おやつどころではありませんでした。食べる物といえば、お米の代わりに配給される、おいもやまめやかぼちゃしかありませんでした。

　最後に「たぬきの　糸車」（光村一下）です。「むかし」という「大きな時」だけでなく、「まいばんのように」や「まいばんまいばん」という「小さな時」も示されています。「まいばんのように」と「まいばんまいばん」は違いますね。たぬきが、糸車に夢中になる様が分かります。

> ・むかし、ある山おくに、きこりのふうふがすんでいました。山おくの　一けんやなので、まいばんのようにたぬきがやってきて、いたずらをしました。
> ・それからというもの、たぬきは、まいばんまいばんやってきて、糸車を　まわすまねをくりかえしました。

　時と場は、物語の土台です。動かない「大きな時と場」だけでなく、物語の中で変化し得る「小さな時と場」を確かめることも大切ですね。

ユニット1:「設定」を見つめる
スイッチ5：場面と出来事・あらすじ

Point　場面が変わると人、時、場が変わります。場面の変化は、物語が展開していくことを私たちに教えてくれます。

場面と出来事を結びつけ、あらすじを捉える

　目の前の物語文は、いくつの場面で出来ているでしょうか。特に、一行あけなど明確に場面を区切って示されている場合には、なぜ、そこで場面が区切られているのでしょうか。基本的に場面は、人の増減や時や場の変化で移り変わるものです。東書「学習で使う言葉」には、場面が変わることが多い条件として、時間がたつ、場所がかわる、新しい人物が出てくる、という三点が示されています。

　場面の変化は、紙芝居を思い浮かべるとよくわかります。紙芝居をめくるのはなぜか。登場人物がその場からいなくなったり新たに登場したり、違う場所での出来事を描いたり、過去や未来へ時が変化したりしたら、そのままの絵ではおかしくなってしまいます。場面を捉える目は、ドラマや映画を見るときにも有効に働くかもしれません。

　場面の中では、様々な出来事が起こります。小さな出来事が集まって一つの場面をつくり上げているといってもよいでしょう。場面がつながり完成した一つの物語を、簡単に表現したのがあらすじです。

　「モチモチの木」（光村三下）には、「おくびょう豆太」、「やい、木ぃ」、「霜月二十日のばん」、「豆太は見た」、「弱虫でも、やさしけりゃ」と、場面ごとに見出しがついています。そのおかげで、場面の内容が理解しやすく、あらすじが捉えやすいですね。

> ・それから何十年。町には、前よりもいっぱい家がたっています。
>
> （「ちいちゃんのかげおくり」（光村三下））
>
> ・それから、十年の年月がすぎました。（「一つの花」（光村四上））

　この二つの作品は、時の変化が場面に影響しています。「名前を見てちょうだい」（東書二上）では、場所が、のはら、こがね色のはたけ、七色の林と変わっていくと、きつね、牛、大男が登場します。場所と人物が場面に影響しています。また、場面が変わるときには、必ず「つよい風」がふいて「いきなりぼうしをさらって」いき、「ぼうしは、リボンをひらひらさせながら」とんでいきます。見逃してはいけない言葉たちです。

　「きつねのおきゃくさま」（教出二上）も新たな人物（ひよこ、あひる、うさぎ、おおかみ）の登場が場面の変化と結びついています。その区切り目には、必ず「〇〇〇は、まるまる太ってきたぜ。」という決めセリフがあります。最終的に、食べようと思っていたひよこたちを守るため、おおかみと勇敢に戦い、命を落とすきつね。あらすじもつかみやすい物語です。

　場面がつながり、物語全体の構成が整います。起承転結をはじめ、前書きや後日談があったり、仮想と現実を行き来したり、過去と現在が混在したりするなど、様々な構成の作品が教科書には掲載されています。「三年とうげ」（光村三下）の学習の手引きには、民話や昔話の代表的な構成として、「始まり➡出来事（事件）が起こる➡出来事（事件）が解決する→むすび」が示されています。場面とあらすじを適切に捉えることにより、どこが物語の山場（クライマックス）なのかを理解したり、物語に散りばめられた伏線に目を向けたりすることもできるようになります。低学年でしっかりとひとつひとつの場面を捉える力をはぐくみましょう。それが中学年の、場面の移り変わりを捉える力につながります。

ユニット1：「設定」を見つめる
スイッチ6：山場と結末

 山場で何が変わるのか。結末は予想通りか。読後感を大きく左右するのが山場と結末です。

山場と結末は、読者の期待に応える？それとも反する？

　悪が倒され、正義が勝つ。努力が実り、成功する。困難を乗り越え、友情や愛情が芽生える。そうした、サクセスストーリーというべきスカッとした結末は誰もが理解しやすく、爽快感があるでしょう。そこに至るまでに何かしらのハードルがあり、山場でそれを乗り越えるからこそ、結末が華やぎます。ウルトラマンや水戸黄門、ドラえもん、ロッキーなどはその典型だからこそ、長年にわたり人の心をつかんできたのでしょう。

　ある研究者は、「期待の地平」という言葉を使いました。確かに、読むという行為は、期待の地平線に向かって航海をするようなものかもしれません。

　では、期待に反する結末だったら。「世界一美しいぼくの村」（東書四下）は、最も衝撃的な結末といってよいでしょう。内戦下のアフガニスタン。中心人物ヤモのお兄さんハルーンも出征しています。「パグマンはいいな。世界一美しいぼくの村。」と、ヤモはそっとつぶやきます。そして、「ハルーン兄さん、早く帰っておいでよ。うちの家族がふえたんだよ。」と子羊に"バハール（春）"という名前を付け、兄さんが帰ってくるのを待っています。読者もヤモとともに春になればハルーン兄さんが帰ってくるのでは、と期待に胸を膨らませつつ、ページをめくると、そこには次の一文。

> 　その年の冬、村は戦争ではかいされ、今はもうありません。

世界一美しいぼくの村は、理不尽な戦争で破壊されてしまいます。読者の期待に反する結末だからこそ、印象に強く残るのでしょう。

　光村の「学習に用いる言葉」では、「山場」を「物語の中で、中心となる人物のものの見方・考え方や人物どうしの関係が大きく変わるところ。」と説明しています。「大造じいさんとガン」（光村五）で、残雪がハヤブサと戦う場面。「海の命」（光村六）で太一がクエにふっとほほえみ、口から銀のあぶくを出す場面。「帰り道」（光村六）で、お天気雨によって律と周也の心の糸がほどけていく場面。「のらねこ」（教出三上）では"かわいがられる"ことを知らないのらねことリョウの前足と前足がふれあう場面。どれも人物の見方や考え方、人物同士の関係が変化する印象的な山場です。

　「走れ」（東書四上）の山場は、中心人物に大きな変化が起こります。

> 　体が重い。／体がどんどん重くなる。／その時に聞こえた「姉ちゃん、行けっ！」「のぶよ、行け！」の声／思わず、ぎゅんと足が出た。／「走れ！そのまんま、走れ！」／おしりが、すわっと軽くなる。次のしゅん間、体にからみおついていたいろんな思いが、するするとほどけていった。／走った。どこまでも走れる気がした。（／は原文における改行）

　中心人物のぶよの気持ちが大きく変化しているのがわかります。ぎゅんと、すわっとなどの表現も豊かですね。

　山場は、時にクライマックスと訳されますが、「点」で捉えられる場合と「線」で捉える必要がある場合があります。この言葉、この行動がまさに山、と「点」で捉えられることもありますが、その言葉を発する、その行動をする前に人物の心は大きく変化しているかもしれません。作品によって「点」で捉えることが最適か、変化を「線」として、まさに点が集まった場として捉えることが最適か、柔軟に判断することが大切です。

ユニット1:「設定」を見つめる
スイッチ7：文種

Point ファンタジー、メルヘン、神話、民話。物語文は、様々な文種
に分けることができます。

様々な文種を紹介できるように、文種の特徴を知る

　日本には、たくさんの昔話や民話が残されています。もちろん、世界の
国々も同様です。では、昔話の特徴といえば、どんなことが思い浮かぶでしょ
う。おじいさんとおばあさんが出てくる。主人公を助ける役がいる。主人
公に敵対する悪役がいる。ご褒美がある。動物が恩返しをする。「むかしむ
かしあるところに」と始まる。つい口に出したくなるフレーズがある。同じ
題名なのに、少し違った内容の話も残されている。

　こうやって考えると特徴が見えてきますね。昔話や民話は口で伝え続けら
れてきたからこそ、少しずつ内容に違いが生まれてきたのでしょうし、耳で
聞き覚えなければならなかったからこそ、印象的なフレーズが盛り込まれて
いるのでしょう。プロップ（1987）は、『昔話の形態学』で内容的な特徴を、
「難題が解かれる」など、31の機能に分類しています。

　昔話には、竜宮城や鬼ヶ島など現実世界では行くことのできない架空の場
所が出てくることがよくあります。また、現実世界に異世界が入り込んだり、
登場人物が異世界と現実世界を行ったり来たりしたりすることもよくありま
す。昔話を含め、現実世界と異世界が一つの物語内に表れる文種を4つに分
類してみましょう。

①**ファンタジー**：現実世界と異世界を行ったり来たりする。
　例「注文の多い料理店」（東書五）

②**エブリデーマジック（ローファンタジー）**：現実世界で不思議な出来

事が起きる。　例「まいごのかぎ」（光村三上）

③**ハイファンタジー**：完全に独立した異世界で物語が展開する。

例「お手紙」（光村二下）

④**メルヘン**：現実世界と異世界（非現実）が同居している。

例「ないた赤おに」（教出二下）「のらねこ」（教出三上）

こうした分類を先生が知っていることで、子どもに現実世界と異世界が同居する様々なバリエーションの物語を紹介することができます。「名前を見てちょうだい」（東書二上）は、④に当てはまる愉快な物語です。「つり橋わたれ」（学図三上）は②に当てはまり、下線のように「どっと風がふく」ことが不思議な出来事の始まりと終わりを示しています。

・「おーい、山びこーっ。」という声が、いくつもいくつもかえってき

ました。それがだんだん大きくなってきたかと思うと、とつぜん、

どっと風がふいて、木の葉をトッコにふきつけました。

・「おーい、どこにいるのーっ。」と、トッコはよびました。

すると、林のおくから、「おーい。どこにいるのーっ。」

という声が、聞こえてきました。そして、また、どっと風がふきまし

た。

ノンフィクションを前提としたフィクションなのか、完全なフィクションなのか、という区別も大切です。「いわたくんちのおばあちゃん」（東書六）は事実をもとにした物語であり、「事実物語」と定義されていたこともありました。戦争物語、外国の物語なども含め、子どもに多くの文種にふれる経験をさせてあげるために、先生が知識をもっておくことが大切です。

ユニット1：「設定」を見つめる
スイッチ8：語り手・人称視点

> **Point** 語り手は、どのような視点から登場人物を見つめ、物語を語っているか。私たちの心を左右する影の主役です。

語り手は、物語のプロデューサー！

　光村の「学習に用いる言葉」では、「視点」を「物語や詩において、語り手がどこからその作品を見て語っているかということ。その作品の登場人物に寄りそった視点から語ることもあれば、登場人物自身の視点から語る場合や、どの人物にもかたよらない視点から語る場合もある。」と述べています。

　「モチモチの木」（光村三下）は、「まったく、豆太ほどおくびょうなやつはない。」という一文で始まります。本当に豆太はおくびょうなのでしょうか。豆太をこう評しているのは語り手であり、あくまで語り手の見方といえます。私たちも出会った人や事物を評価し、語り手として他者に伝えることがあるでしょう。「Aさんは、出しゃばりだ」「Bさんは、おっとりしている。」「C店のケーキは、甘さが控えめでおいしい。」。もしかしたら、Aさんを積極的、Bさんを消極的と評する人がいるかもしれません。C店のケーキを薄味で物足りないと言う人もいるかもしれません。語り手は、物語のプロデューサーであり、読者の心を左右する影の主役といえます。

　さて、語り手がどのような視点から物語るか。大きく、一人称視点と三人称視点に分けられます。一と三の間には、二がある。二人称視点という形式もあるのですが、基本的に二人の人物のやりとりでしか物語を進められないため、制約が多く、極めて特殊な視点です。

〈一人称視点〉

　一人称視点は、語り手が物語の当事者。言い換えれば、物語の中に語り手である「自分」が登場する形式です。「ぼくは」、「わたしは」と視点人物が語り出します。視点人物から見えているもの、その人物が考えていることや感じていることが直接的に表現されるため、その人物の内面がよく分かります。よって、登場人物に同化しやすく、一緒に物語を進めているような感覚を得ることができます。その代わり、その人物以外の人物の内面は描かれず、またその人物から見た景色、相手の様子が描かれることになるので、かなり一面的な見方になっている可能性があることも忘れてはなりません。その欠点を見事に補う構成を試みたのが「帰り道」（光村六）でしょう。「1」は律の一人称視点、「2」は周也の一人称視点。二人の帰り道を互いの視点から描くことですれ違ったり交差したりする互いの感情が理解できます。「ずうっと、ずっと、大すきだよ」（光村一下）は、低学年ではあまりお目にかかれない一人称視点の物語です。その他、「だいじょうぶ　だいじょうぶ」（東書五）や「きつねの窓」（教出六下）も一人称視点です。

　　いつでしたか、山で道に迷った時の話です。（中略）そう、あの時は、全くぼんやりしていたのです。

　「きつねの窓」では、上記のように「ぼく」のていねいな言葉遣いが、読者に対して語っているという設定をより効果的に創り出しています。

〈三人称視点〉

　三人称視点は、語り手が登場人物ではなく、ある意味外側から登場人物たちがくり広げる物語を描く視点です。そのため、客観性が高くなり、場面の様子なども積極的に描き出すことができます。三人称はさらに3つの視点に分類することがあります。

A：三人称客観視点

　　語り手が語る叙述、地の文に登場人物の心情が表れない。語り手が登

　　場人物の心に入り込み、語ることがない形式。

　　例：「はなのみち」「おおきなかぶ」「くじらぐも」「一つの花」

B：三人称全知視点

　　すべての登場人物に対して、語り手が自由に内面に入り込み、心の内

　　を描くことができる形式。神の視点ともいう。

　　例：「スーホの白い馬」「ろくべえまってろよ」

C：三人称限定視点

　　中心人物をはじめ、特定の人物の内面に入り込む形式。

　　例：「ちいちゃんのかげおくり」「スイミー」「ごんぎつね」「大造じいさ

　　んとガン」「海の命」

　このように、人称視点は、登場人物の気持ちを解釈・想像する際に大きく

影響します。一人称視点は心内語が多くなり、行動描写は少なくなるので、

行動や表情から気持ちを想像するよりも、心内語や会話文から想像すること

が多くなります。三人称限定視点では、心の中に入り込める人物に対しては

気持ちを想像しやすいですが、入り込まない人物は想像のもととなる叙述が

少なくなるので、授業で取り上げる際には注意が必要です。

　語り手が物語を読者に伝えていることを知ることは、物語を客観的に捉え

るきっかけともなるでしょう。

　では、語り手が効果的に機能している物語をいくつか紹介しましょう。単

に物語を進めるだけでなく、読者の心をくすぐる言葉を投げかけます。

　　ある日、うち中がるすの時、アレクサンダは、アニーのへやでキー

　キーという音がするのを聞いた。しのびこんで、かれの見たのはなん

　だと思う？　もう一ぴきのねずみさ。（「アレクサンダとぜんまいねず

み」（教出二下））

何日かたつと、きずもやっとなおってきました。それでも、白馬をとられたかなしみは、どうしてもきえません。白馬はどうしているのだろうと、スーホは、そればかり考えていました。<u>白馬は、どうなったのでしょう。</u>（「スーホの白い馬」（光村二下））

子ねずみたちは、先生の話を一生けんめい聞いています。
<u>でも、あれえ。先生の話をちっとも聞かずに、おしゃべりしている子ねずみが三びきいますよ。</u>（「ニャーゴ」（東書二上））

けれど、いくさがはげしくなって、かげおくりなどできなくなりました。この町の空にも、しょういだんやばくだんをつんだひこうきが、とんできるようになりました。<u>そうです。</u>広い空は、楽しい所ではなく、とてもこわい所にかわりました。（「ちいちゃんのかげおくり」（光村三下））

大造じいさんは、ぐっとじゅうをかたに当て、残雪をねらいました。<u>が、なんと思ったか、</u>再びじゅうを下ろしてしまいました。（「大造じいさんとガン」（光村五））

読者に質問を投げかけたり、読者の興味をそそるように話しかけたり、読者の納得を得ようとしたり。「大造じいさんとガン」では、語り手の思いがあふれています。語り手は、なぜ撃たないのかと大造じいさんにやきもきしているようです。

語り手は<u>物語のプロデューサー</u>であり、人称視点は<mark>映画やドラマのカメラワーク</mark>に近いでしょう。作品を支える重要な役割を担っています。

43

ユニット2:「人物」を見つめる
スイッチ1:登場人物

 Point 登場人物は何人？　名前や年齢は？　中心人物など物語での役割は？　人物の情報を集めましょう。

登場人物なくして、物語なし

　登場人物がいてこそ、物語は成り立ちます。しかしながら、意外と登場人物をしっかり見つめず、読み進めている読者は少なくありません。例えば、「ごんぎつね」に登場する「ごん」は名前を付けられています。なぜ、「ごん」なのでしょう。権限山が関係ありそうです。そして、「子」ではなく「小」ぎつねと記されています。ユニット2では、人物の設定に目を向けます。

　まず、登場人物には、主人公、中心人物、対人物、周辺人物など様々な言い方や分類があります。主人公と中心人物は同じ意味に使われることがあります。定義としては、物語全体を通して読者が最も注目し、その動向を追いかける人物。行動や発話が多く、主語となる率が高くなる人物。気持ちの変化が大きく、また何かを成し遂げたり精神的にも肉体的にも成長したり、物語の中で起伏の激しい生活や人生を送る人物。三人称限定視点の場合、語り手が心のうちに入り込む人物。様々な定義が考えられます。主人公は一人を指すことが多く、中心人物は複数いる場合もあるでしょう。あまり、1つの定義にこだわらないようにしましょう。

　「スイミー」（光村二上）には、次のようにスイミーが紹介されています。

> 　みんな赤いのに、一ぴきだけは、からす貝よりもまっくろ。およぐのは、だれよりもはやかった。
> 　名前はスイミー。

スイミーの特徴を述べ、その後、あえて段落を変え、中心人物であるスイミーという名前を目立たせていますね。

「ゆうすげ村の小さな旅館－ウサギのダイコン」（東書三下）はシリーズの一作であり、シリーズを通した主人公はつぼみさんですが、この物語で読者が注目する中心人物ははむすめさんでしょう。さて、このむすめさんは、「色白のぽっちゃりとしたむすめ」と描かれ、苗字が「宇佐見」、名前は「美月」と言います。美しいお月さまに住んでいる白い毛の動物とは…。

・「わたし、こちらの畑をかりてる宇佐見のむすめです。父さんが、よろしくって言ってました。これ、あの畑で作ったウサギダイコンです。」

・「耳がよくなるまほうです。夜は、星の歌も聞こえるんですよ。山のみんなは、ウサギダイコンがとれるのを今か今かと待っているんです。」

このような会話や行動から、読者はだんだんとむすめさんがウサギなのではないか、と興味をそそられていきます。そして最後、「ウサギの美月より」という手紙でウサギであることが判明します。登場人物を様々な面から捉えることのおもしろさを教えてくれる物語文です。

注目すべき周辺人物もいます。例えば、「お手紙」（光村二下）のかたつむりくん。「まかせてくれよ。」「すぐやるぜ。」と、したり顔で言う姿がたまりません。「海の命」（光村六）の母、「モチモチの木」の医者様、「サーカスのライオン」のライオンつかい、「いつか、大切なところ」（教出五上）の女の子など、名脇役が大勢います。「大造じいさんとガン」（光村五）や「みちくさ」（学図五上）は、呼称の変化を通して人物同士の関係の変化を間接的に示しています。登場人物なくして、物語なし。ユニット2で様々な情報を集めましょう。

ユニット2：「人物」を見つめる
スイッチ2：会話文と地の文

Point⟩ だれが話しているのか、意外と分かりにくい物語があります。
会話文から人物の気持ちや性格など多くの情報が得られます。

会話文は、人物に関する情報の宝庫

地の文は、物語を進める土台、地面です。会話文だけで物語を進めようと
したら、場面や時などの設定を登場人物が会話の中で語るしかありません。
地の文の語り口によって、語り手の年齢や性別、立場などが想像できること
もあります。さて、会話文からは、登場人物の気持ちや性格、聞き手との関
係などが見えてきます。しかし、誰が発した言葉なのか、注意しないと分か
らないことがあります。まずは、「やくそく」（光村一上）。けんかをしてい
た３匹のあおむし。大きな木に促され、初めて海を見ます。

> 「きれいだね。からだがちょうにかわったら、あそこまでとんでみた
> いな。」
> 「わたしも、あそこまでとんでみたい。」
> 「それなら、みんなでいこう。」

さあ、この会話文の話者は？　それまでに、１匹目は自分のことを「ぼく」
と呼び、２匹目は「わたし」と呼んでいます。また、２匹目は会話を「も」
でつないでいます。こういう細かな言葉の使い方から話者を特定できます。
次に、「きつねのおきゃくさま」（教出二上）を例に挙げましょう。

> ある日。くろくも山のおおかみが下りてきたとさ。

> 「こりゃ、うまそうな　においだねえ。ふんふん、ひよこに、あひる
> に、うさぎだな。」
> 「いや、まだいるぞ。きつねがいるぞ。」
> <u>言うなり、きつねはとび出した。</u>

　下線の文について、教出の教師用指導書には、作者と相談のうえ加筆した、と明記されています。それは、「作者の言葉」に「『いや、まだいるぞ。きつねがいるぞ。』と言ったのは、おおかみですか？　きつねですか？　と質問された」ことと関係があるでしょう。意外と話者はあいまいなのです。

　「帰り道」（光村六）では、最後に次のような短い会話が出てきます。

> 「行こっか。」
> 「うん。」

　律と周也、どちらから「行こっか。」と声をかけたのでしょうか。「1」律視点で書かれた文章では、この会話の後に「ぬれた地面にさっきよりも軽快な足音をきざんで、<mark>ぼくたち</mark>はまた歩きだした。」と書かれています。周也に気後れしていた律。その律が先に「行こっか。」と声をかけたのでしょう。そこから二人の関係が新たに動き出したことが想像できます。

　ユニット3「文の長さ」「文末」などで、地の文については詳しく扱いますが、一人称視点の物語文では、地の文そのものが特定の人物の語りであり、「ぼくは、とてもしんぱいした。」（「ずうっと、ずっと、大すきだよ」（光村一下）など、心のうちが表されます。

　まずは、会話文の話者をしっかりと確認し、気持ちや性格など人物に関する様々な情報を集めたいですね。そして、人称視点と地の文の関係にも注目していきましょう。

ユニット2:「人物」を見つめる
スイッチ3：行動と表情

Point　行動と表情は、人物の気持ちや心情と深く関係します。また自分の体験と結び付けやすいものです。

行動や表情には、自然と気持ちが表れる

　よく、登場人物の気持ちや心情を問う学習活動を目にします。「コスモスをゆみ子に渡すとき、お父さんはどんな気持ちだったのでしょう」「瀬の主クエに出会ったときの太一の心情を考えよう」などです。子どもの様子を見ていると、気持ちや心情を想像できず、途方に暮れている子が目につきます。なぜでしょうか。いくつか理由はありそうですが、その根本に、どの叙述から気持ちや心情を想像すればよいのか分からない、という悩みがあるのではないでしょうか。古屋友己教諭（山梨県・甲府市立山城小）の調査によれば、登場人物の気持ちを解釈・想像する際、行動描写に着目していない子どもが予想以上に多いことが分かりました。「スイミーは、かなしかった。」と、直接気持ちが書いてあれば困らないのですが、そのような表現は稀です。

　気持ちや心情を解釈・想像するためのヒントとなる情報源の一つが行動です。例えば、「なぐる」「逃げる」。このような行動は、多くの場合マイナスな気持ちと結び付きやすいですね。逆に、「大笑いする」、「拍手する」などは、プラスの気持ちと結び付きそうです。口から言葉を発する行為は、「話す」が一般的ですが、「どなる」「わめく」「ささやく」「さけぶ」「つぶやき」などだと、どういう気持ちと結び付きやすいでしょうか。「ふきのとう」（光村二上）では、竹やぶの葉っぱがささやいています。

> ○ あさのひかりをあびて、竹やぶの竹のはっぱが、／「さむかったね。」
> ○ ／「うん、さむかったね。」／とささやいています。

「スイミー」（光村二上）では、「さけぶ」が登場します。

> ○ それから、とつぜん、スイミーはさけんだ。
> ○ 「そうだ。みんないっしょにおよぐんだ。海でいちばん大きな魚のふ
> ○ りをして。」

　スイミーは、どうすれば大きな魚を追い出せるのか必死に考え、よい案が
ひらめいた喜びと闘志が「さけんだ」という行動から感じられます。
　「スーホの白い馬」（光村二下）では、白馬に振り落とされたとのさまは、
「大声でどなりちらし」ます。

> ○ とのさまは、おき上がろうともがきながら、大声でどなりちらしま
> ○ した。

　その「スーホの白い馬」では、「はねおきる」と「かけつける」という行
動などから、白馬を心配するスーホの気持ちが分かります。

> ○ あるばんのこと、ねむっていたスーホは、はっと目をさましました。
> ○ けたたましい馬の鳴き声と、ひつじのさわぎが聞こえます。スーホは、
> ○ はねおきると外にとび出し、ひつじのかこいのそばにかけつけました。

　「ちいちゃんのかげおくり」（光村三下）では、ちいちゃんが弱っていく様
子が、ほしいいを口にする二つの動作から想像されます。

> ・その夜、ちいちゃんは、ざつのうの中に入れてあるほしいいを、<u>少し食べました。</u>
>
> ・くもった朝が来て、昼がすぎ、また、暗い夜が来ました。ちいちゃんは、ざつのうの中のほしいいを、また<u>少しかじりました。</u>

　行動から、登場人物が根気強く一つのことをやり遂げようとする気持ちが見える例を挙げましょう。まずは、「大造じいさんとガン」（光村五）です。

> 　それは、いつもガンのえをあさる<u>辺り一面にくいを打ちこんで、</u>タニシを付けたウナギつりばりを、たたみ糸で結び付けておくことでした。じいさんは、<u>一晩中かかって、たくさんのウナギつりばりをしかけておきました。</u>

　皆さんが想像する「辺り一面」は、どれくらいの広さですか。また、一晩中かかって一人で何か作業をした経験はありますか？　一晩中辺り一面にくいを打ちこみ、針を結びつける大造じいさん。その根気強さと執念には頭が下がります。「わにのおじいさんのたからもの」（教出二上）では、おにの子の根気強さが目を引きます。

> 　おにの子は、そのあたりの野山をあるいて、地面におちている、ほおの木の大きなはっぱをひろっては、わにのところにはこび、体のまわりにつみ上げていきました。

> 　<u>朝だったのが昼になり、やがて夕方近くなって、わにの体は、半分</u>ほど、ほおの木のはっぱでうまりました。

ほおの木の葉の大きさは、約20cm。かなり大きな葉っぱですね。それを、野山を歩いては拾い、運んで積み上げる根気強さ。それも、朝から夕方までです。それでも半分しか埋まらないおじいさんの体の大ささも分かります。

行動の中でも<u>表情</u>は特に気持ちや心情を表しやすいものです。「眉間にしわを寄せる」「目を見開く」「そっと目を閉じる」「頬が赤くなる」。どうでしょう。気持ちが見えてきそうですね。「風のゆうびんやさん」(東書二上)を例に考えてみましょう。

> 「ほう。となり町にひっこしていった、まごたちからだ。みんな元気にくらしています、か。うん。よかった、よかった。」
> 犬は、<u>目をほそくして</u>、<u>なんどもなんどもはがきを読みなおします</u>。

風のゆうびんやさんから手紙を受け取ったおじいさん犬。孫からの手紙に喜びがあふれるのが、表情と行動から伝わってきます。

低学年には、「イ 場面の様子や登場人物の行動など、内容の大体を捉えること。」「エ 場面の様子に着目して、登場人物の行動を具体的に想像すること。」という指導事項があります。また、中学年の〔知識及び技能〕には、「オ 様子や行動、気持ちや性格を表す語句の量を増し、(後略)」と、<mark>語彙の拡充</mark>が示されています。

行動や表情は、「自分の体験」(した、された、言った、言われた、見た、聞いた、読んだなど)と結び付けやすいです。この、「自分の体験」も低学年の指導事項に出てくる言葉です。行動は、動作化もしやすいですね。

「きつねの窓」(教出六下)には、「一瞬、ぼくは立ちすくみました。」「ぼくは息をのみました。」などの行動が出てきます。このような、気持ちが表れている動詞を、古屋教諭は心情が外に表れる動詞という意味で、<mark>「心情外化動詞」</mark>と名付けました。特に教材分析で注目したい言葉です。

ユニット
2

人物

ユニット2：「人物」を見つめる
スイッチ4：気持ち・心情

Point 気持ちや心情は、物語の中で変化し、その捉え方は多様です。
気持ちや心情を語る言葉を増やすことも目指しましょう。

気持ちは同居する。細かな違いを表す気持ちに着目する

「おにたのぼうし」（教出三下）の一節です。

> 女の子の顔が、ぱっと赤くなりました。そしてにこっとわらいました。

おなかをすかせた女の子。病気のお母さんには、それを言い出せません。温かな食事を見た時の女の子の喜びが、ぱっと赤くなり、にこっと笑う表情や行動から分かります。

「まいごのかぎ」（三上）の、りいこの発話と行動を羅列してみます。

> ・「どんぐりだ。」りいこは、悲鳴をあげます。
> ・「びっくりした。」りいこは、道の方に後ずさりしながら、言いました。

さけぶ、悲鳴をあげる、後ずさりする、などの行動から気持ちが伝わってきます。また、「びっくりした。」という発話からはダイレクトに驚きが伝わってきます。「白いぼうし」（光村四上）では、男の子が近づく中、客席の女の子が、後ろから乗り出して、せかせか言いました。

> 「早く、おじちゃん。早く行ってちょうだい。」

　この発話からも、こわがり、焦っている女の子の気持ちが伝わってきます。発話と行動といえば、「大造じいさんとガン」（光村五）も描写が印象的です。いまいましい残雪に一泡吹かせようと特別な方法に取りかかった大造じいさんは、「うまくいきそうな気」がして、「むねをわくわく」させます。そして、一羽のガンが仕掛けにかかっていることが分かった時、

> 「しめたぞ。」
> じいさんはつぶやきながら、夢中でかけつけました。
> 「ほほう、これはすばらしい。」
> じいさんは、思わず子どものように声を上げて喜びました。

　夢中でかけつける、思わず子どものように声をあげて喜ぶ、などの表現から大造じいさんがどれほど心躍らせ、喜びを爆発させたかが分かります。読者が登場人物の気持ちを推し量る際、着目する描写をまとめてみます。

> 関節表現：行動描写・表情・発話（会話文）・心内語・情景描写
> 直接表現：直接的に気持ちを表す言葉

　直接表現の好例が、①「スイミー」（光村二上）や、②「お手紙」（光村二下）です。

> ①スイミーはおよいだ。くらい海のそこを。こわかった。さびしかった。とてもかなしかった。
> ②ふたりとも、とてもしあわせな気もちで、そこにすわっていました。

ここで確認しておきたいことが3点あります。一点目は、気持ちと心情の違い。二点目は、2通りの気持ちの表し方です。三点目は、気持ちは同居するということです。

　まず、気持ちと心情の違いから確認しましょう。学習指導要領では、中学年に「気持ち」、高学年に「心情」という言葉が使われています。

中：登場人物の行動や気持ちなどについて，叙述を基に捉えること。
高：登場人物の相互関係や心情などについて，描写を基に捉えること。

　心情に関しては、学習指導要領解説編に「登場人物の心情は，直接的に描写されている場合もあるが，登場人物相互の関係に基づいた行動や会話，情景などを通して暗示的に表現されている場合もある。」と示されています。

　極端に言えば、気持ちは他者に容易に察することができる心持ち。心情はそれに加え、行動や表情、発話内容などから直接的には察することができない心の奥、と思えばよいでしょう。次の例から違いが分かりますか。

①コンクールで念願の優勝を果たし、部員の前で「みんなよくがんばったね！　本当にうれしい。」と、部長が笑っている。

②優勝を目指したコンクールで惜しくも準優勝。終了後、部員の前で「残念だけど仕方ないよ…」と、部長が笑っている。

　①の「笑っている」は、他者に容易に察することができる喜びでしょう。②の「笑っている」は、やり遂げた清々しさ、負けた悔しさや責任部員の前で明るく振舞う部長の配慮など、その笑顔の裏に様々な心持ちが隠れていそうです。この表と裏の心持ちを理解できるのは高学年以降でしょうね。

　二点目は、2通りの気持ちの表し方です。「ごんぎつね」（光村四下）の最終場面、兵十に撃たれたときのごんの気持ちを問うと、「悲しい」「うれしい」などの考えが出される中、「なんで撃つんだよ、という気持ち」「分かってくれたんだ、という気持ち」などの考えが出されることがあります。「悲しい」

や「うれしい」など一般化された気持ちを表す言葉で表現できる子どももいれば、「分かってくれたんだ」などその物語固有の、吹き出しを埋めるような表現（吹き出し型）を用いる子どももいます。「なんで撃つんだよ」は「怒り」や「戸惑い」、「わかってくれたんだ」は「喜び」や「安心」などの一般化された言葉（一般型）に置き換えることができるでしょう。子どもの実態に応じて一般型に置き換えるのも先生の大切な役目です。

　三点目は、気持ちは同居するということです。例えば、高価なプレゼントをもらったとき、うれしさと同時に申し訳ない気持ちにもなります。その場その場の気持ちは一つの言葉に集約できるときもあれば、いくつかの気持ちが同居し、その割合が均等ではないときがほとんどでしょう。先ほどの「ごんぎつね」の最終場面。新美南吉の草稿を読むと、ごんの気持ちは「うれしい」と書かれていますが、「怒り」や「悲しみ」「戸惑い」「安堵」などの気持ちはごんの心に同居していなかったのでしょうか。「気持ちは同居する」という前提に立ち、登場人物を見つめると、より人物に寄りそうことができるかもしれません。

　最後に気持ちを表す言葉を増やす価値にふれておきます。中学年の〔知識及び技能〕に「オ　様子や行動，気持ちや性格を表す語句の量を増し，…」という、語彙の拡充に関する項目があることをスイッチ３でふれました。「お手紙」（光村二下）の学習を参観した際、登場人物の気持ちを「めちゃくちゃうれしい」「うれしいよりもっと上」「びっくりとうれしいが混じっている感じ」などと表現する子どもがいました。もしこの子たちが、「感動」「感激」「胸がいっぱいになる」「心がはずむ」などの言葉を用いることができたら、もっと自分の解釈や想像にぴったりの言葉で表現できたでしょう。「悲しい」と「切ない」は違います。「怒り」と「憤り」は違います。ぜひ、気持ちや心情の細かな違いを表せるよう、教科書の「言葉のたから箱」（光村）や「言葉の広場」（東書）など語彙の拡充のために設けられたページを活用し、まずは理解言葉を増やし、使用言葉へと高めていきたいですね。

スイッチ5：性格・人物像

Point 性格や人物像は、多面的であり、また読者によって捉えが異なることがあります。

点をつなげて線にするイメージで捉える

　日常生活で出会う人物の性格を私たちはどのように捉えているのでしょうか。まずは、その人の行動や表情、発話などから判断します。そういう面では、性格を捉えるプロセスとその場の気持ちを捉えるプロセスはかなり似通っています。大きな違いといえば、気持ちは移り変わるのが当たり前であるのに対し、性格は瞬時には変わりにくいといえるでしょう。

　別の言い方をすれば、気持ちはその場その場の「点」で捉えるのに対し、性格は「点」と「点」をつないで「線」で捉えるイメージです。

　例えば、こんな子がいたら、みなさんはどのような性格だと判断しますか？

・学習中は、「はい、はい！」と笑顔で手を挙げる。

・休み時間になると、誰よりも先に校庭に駆け出していく。

・いつも給食をおいしそうにモリモリ食べる。

　ひとつひとつの行動から「発言したい！」「早く遊びたい！」「おなかすいた！」という気持ちが垣間見えます。そして、それらを合わせて、きっとこの子を元気で、何事にも活発に取り組む子だろうと性格を捉えるでしょう。「点」をつないで「線」で捉えるというイメージがわいてきたでしょうか。

　気持ちと性格の違いを理解するために、こんな短文を用意してみました。

　「今日は、おにごっこをしようよ！」と大きな声でみんなに伝えるAさん。次の日は「今日は、縄跳びにしない？」と、みんなを見回しながら声をかけました。休み時間になるとAさんは誰よりも早く、みんなに遊びを提案します。

　Aさんの、みんなと遊ぶのを楽しみにしているワクワク感が伝わってきます。Aさんの言動から、Aさんがつまらない、悲しい、怒っている、という負の気持ちを思い浮かべる人は少ないでしょう。気持ちは内面から沸き起こっているものであり、ある程度の枠内、例えば、楽しい、ワクワク、うれしいなどの範疇に収まることが多そうです。

　では、Aさんの性格を問われたら何と答えるでしょう。リーダーシップがある、積極的などプラスの性格を思い浮かべることもできますし、もしかしたら自己中心的、傲慢などマイナスイメージの性格を思い浮かべる子どもがいるかもしれません。このように性格は、他者からの判断を伴う要素が強く、読者によって判断が分かれることがしばしばあります。おしとやかな人は反面消極的、内気と捉えられるかもしれません。わがままなのか芯が強いのかは、紙一重です。

　具体的な教材を通して、登場人物の性格を考えていきましょう。「モチモチの木」（光村三下）の最初の場面の小見出しは、「おくびょう豆太」です。性格を表す言葉が明確に示されています。では、次の文から豆太のどのような性格が読み取れるでしょうか。

　「やい、木ぃ、モチモチの木ぃ、実ぃ落とせぇ。」
　なんて、昼間は木の下に立って、かた足で足ぶみして、いばってさいそくしたりするくせに、夜になると、豆太はもうだめなんだ。

強がり、いじっぱり、弱虫…。様々な言葉で性格を言い表すことができます。逆に言えば、理解し使用できる「性格を表す言葉」をどれだけもっているか。それによって、人物を多面的に捉え、語れるかが決まります。

　田所愛教諭（山梨県・北杜市立高根東小）が光村の「言葉の宝箱」に掲載されている「人物を表す言葉」（96語）と、東書の「言葉の広場」に掲載されている「人物のせいかく」（120語）に共通している言葉を抽出したところ、以下の37語が当てはまりました。

明るい　勇気のある　そそっかしい　気が弱い　親切　やさしい　思いやりのある　正直　我慢強い　おだやか　ひょうきん　陽気　ほがらか　真面目　のんびり　おとなしい　負けず嫌い　活発　素直　利口　臆病　短気　いいかげん　のんき　温和　根気強い　用心深い　ずうずうしい　おおらか　冷静　せっかち　楽観的　悲観的　もの静か　誠実　温かい　向こう見ず

　これらの性格を表す言葉は、子どもに理解し、使用してほしい言葉の代表と言ってよいでしょう。逆に言えば、約3分の2の言葉は2社に重複していなかったことになり、性格を表す言葉の多様性が感じられます。

　では、子どもは性格を表す言葉をどれだけ使用できるのでしょうか。保坂由紀子教諭（山梨県・北杜市立泉小）の調査では、5年生75名の平均は約6.3語でした。予想以上に、子どもは性格を表す言葉を使えません。指導要領の〔知識及び技能〕に、「オ 様子や行動，気持ちや性格を表す語句の量を増し，話や文章の中で使うとともに，（後略）」とあるように、気持ちを表す言葉と同じように、性格を表す言葉も使用する機会を設けないと使い勝手のよい少数の言葉に頼ってしまいます。中学年には、「エ 登場人物の気持ちの変化や性格，情景について，場面の移り変わりと結び付けて具体的に想像すること。」という指導事項もありますので、性格を表す言葉をしっかりと増

やしてあげたいですね。

　ここで、「性格」と「人物像」の違いについて確認しておきましょう。人物像は、高学年の指導事項に出てくる言葉です。「エ 人物像や物語などの全体像を具体的に想像したり……」と書かれています。学習指導要領解説には、人物像は、性格や考え方など総合的に判断することが必要と書かれています。これを受け、光村の「学習に用いる言葉」には人物像の定義が、「物語全体を通してえがかれる、人物の性格や、ものの見方・考え方などの特徴を総合的にとらえたもの。」と示されています。ここまで説明すれば、性格と人物像は、どちらが広い意味を含んでいるか明らかでしょう。人物像は、性格を含め、総合的に判断する。その人物の特徴を含む。走るのが速い。透き通るような白い肌の持ち主。背が高い。例に挙げたような特徴は性格とは言えませんが、その人物を表す特徴です。人物像が広く人物を捉えると考えると、性格が中学年、人物像が高学年の指導事項に登場する意図が分かります。

　「注文の多い料理店」（東書五）では、以下のような若い紳士の容姿や言動から、人物像を想像することができます。

> ・二人のわかいしんしが、すっかりイギリスの兵隊の形をして、ぴかぴかする鉄ぽうをかついで、白くまのような犬を二ひき連れて、

> ・「実にぼくは、二千四百円の損害だ。」
> ・「うん、これはきっと注文があまり多くて、したくが手間取るけれどもごめんくださいと、こういうことだ。」

　外見を気にし、自分のいい様に物事を解釈し、自らの損得でしか判断しない紳士の人物像がよく分かります。物語全体を通して、人物の性格や人物像を豊かに、多面的に想像し、多くの言葉で語り合いですね。

スイッチ6:境遇や状況

> **Point** 生い立ちや家族構成、職業、置かれている状況などが、人物の
> 行動や気持ち、性格などにつながることがあります。

気持ちや性格を左右する境遇や状況とは…

　みなさんは、鬼や猫にどのようなイメージをもっていますか。鬼は風習としては人間から恐れられている反面、『桃太郎』などの昔話や物語の世界では意外と弱い存在として描かれます。たとえば、「ないた赤おに」（教出二下）は、人間と親しくなりたいと願う赤鬼と、自分を犠牲にしてまでそれに協力する青鬼の物語。その結末にほろっと涙がこぼれた人も多いのではないでしょうか。「おにたのぼうし」（教出三下）の一節を紹介します。

> 　　おにたは、気のいいおにでした。
> 「人間っておかしいな。おには悪いって、決めているんだから。おに
> にも、いろいろあるのにな。」

　鬼という生まれもった境遇が、物語の中で登場人物の運命を大きく左右します。それを上手に利用しているのが、「わにのおじいさんのたからもの」（教出二上）でしょう。題名のとおり宝物をめぐる物語ですが、鬼にとって宝物とは…その境遇が背景となって、物語は予想外の結末を迎えていきます。

> 　　おにの子は、たからものというものが、どんなものなのだかしりま
> せん。たからものという言葉さえしりません。

> 　とんとむかしの、そのまたむかし、ももたろうがおにのたからもの
> をそっくりもっていってしまってからというものは、おには、たから
> ものとはぜんぜんえんがないのです。

　猫はどうでしょう。ねずみを追いかけているイメージがありますね。また、野良猫ともなると常に警戒心を解かず、人間になかなか近寄ってこないですよね。「のらねこ」（教出三上）では、次の場面が印象的です。

> 「こら待て、それ以上近寄るな。」
> のらねこは、少しもゆだんしていません。
> 「一歩でも近よると、ひっかくよ。」
> 「子どもはあぶないからね。もう少し、しょうこがないと、安心できない。」
> -
> 「ねえ。君、もしかして、かわいがられるって、どういうことか知らないんじゃない。」
> 「知ってるわけないだろ。どこでも売っていないし。」
> のらねこは、ぶすっとして言います。

　「ニャーゴ」（東書二上）では、猫はねずみを襲おうとしますが、子ねずみたちの幼さ、純粋さに調子を崩されます。名前を聞かれると、「だれって、だれって……たまだ。」と答えてしまい、「少し顔を赤く」します。
　「きつねのおきゃくさま」（教出二上）も「ニャーゴ」同様、純粋さに翻弄される物語です。きつねは、ひよこやあひる、うさぎを食べる。それが自然の摂理であり、それに従おうとしながらも、投げかけられる言葉に心が動かされ続けます。最終的にきつねは、山から下りてきたおおかみと戦い、3匹

を守るために命を落とします。きつねとして生きようとしながらも、そうできない屈折した気持ちが次の描写から伝わってきます。

> きつねは、<u>はずかしそうにわらって</u>しんだ。

うさぎ、ねずみ、チューリップ、ちょうちょ。それぞれの生き物に対し、私たちはイメージを持っています。そして登場人物たちは、ある時はその境遇に沿って、またある時はその境遇に逆らって物語世界で躍動します。

家族構成、置かれている状況などが、人物の気持ちや性格につながっている好例を挙げてみます。まずは、「スーホの白い馬」（光村二下）です。

> むかし、モンゴルの草原に、スーホという、<u>まずしいひつじかいの</u>少年がいました。
> スーホは、<u>年とったおばあさんとふたりきりで</u>、くらしていました。スーホは、<u>おとなにまけないくらい、よくはたらきました</u>。毎朝、早くおきると、スーホは、<u>おばあさんをたすけて</u>、ごはんのしたくをします。それから、二十頭あまりのひつじをおって、広い広い草原に出ていきました。

スーホはまずしく、年取ったおばあさんと二人きり。そういう家族構成や状況だからこそ、スーホは誰よりも働き者で白馬を大切にするのですね。

「海の命」（光村六）は、こんな一文から始まります。

> 父もその父も、その先ずっと顔も知らない父親たちが<u>住んでいた海</u>に、太一もまた<u>住んでいた</u>。季節や時間の流れとともに変わる海のどんな表情でも、太一は好きだった。

　太一は代々漁師として海に生きてきた家系に生まれます。海に生きること
が当たり前であることが「太一もまた住んでいた」という言葉から分かりま
す。そういう境遇だからこそ、陸で生きる母は心配でたまりません。この境
遇をしっかりと理解しておかないと、物語中盤の母の言葉や、最終場面の母
の変化した姿に立ち止まれなくなってしまいます。

　最後に「ごんぎつね」（光村四下）を取り上げます。

> 　ごんは、ひとりぼっちの小ぎつねで、しだのいっぱいしげった森の中
> に、あなをほって住んでいました。

　この状況が、ごんがいたずらばかりする原因になっていそうです。さて、
ごんの状況として次の文にも注目してみましょう。

> 　ごんは、「ふふん、村に何かあるんだな。」と思いました。「なんだろ
> う、秋祭りかな。祭りなら、たいこや笛の音がしそうなものだ。それ
> にだいいち、お宮にのぼりが立つはずだが。」

　ごんは、村の行事に精通しています。お念仏も知っていますよね。頻繁に
村に来ては、村に起こる出来事を観察し続けているからこそ気付けるのでし
ょう。ごんにとって、村はかなり身近な場所です。ちょっと村人にも目を向
けてみます。「弥助というお百姓」「かじ屋の新兵衛」「加助というお百姓」。
登場する村人には職業が示されていますが、兵十の職業は分かりません。「ぼ
ろぼろの黒い着物」「小さなこわれかけた家」「おっかあと二人きりで、まず
しいくらしをしていた」などの情報が与えられるだけです。

　登場人物がどのような境遇を背負い、また状況の中で生きているのか。そ
れを詳細に捉えることは、実は気持ちや性格を理解することにつながり、発
話や行動の意味を知るきっかけともなります。

スイッチ7：関係と役割

人と人には様々な関係があります。その関係は物語を通して変わる場合もあれば変わらない場合もあります。

強まったり逆転したり、と関係の変わり方も様々

　高学年の指導事項に、「イ　登場人物の相互関係や心情などについて，描写を基に捉えること。」があります。人物同士の関係を表す言い方は、例えば、親子、兄弟、親戚、親友、仲間、ライバル、師匠と弟子、教師と生徒、恋人。犬猿の仲や敵対関係などもありそうです。労わる者と労わられる者、上に立つ者と従う者というような関係も存在するでしょう。まずは、人物相互の関係を表す言葉をたくさん持っておきたいですね。

　さて、「だいじょうぶ　だいじょうぶ」（東書五）では最初、「だいじょうぶ　だいじょうぶ」と、手をにぎり、「ぼく」におまじないのように声をかけてくれていたおじいちゃん。時が経ち、老いていき、「だいじょうぶ　だいじょうぶ」は「ぼく」とおじいちゃんで逆転します。まさに、労わる者と労わられる者という関係が逆転したといえるでしょう。

　「みちくさ」（学図五上）の登場人物は、「ぼく」と、同じクラスの新見大介。通称、大ちゃん。二人は、低学年の頃は親友といってよいほどの仲でしたが、五年生になっても幼い行為が目立つ大ちゃんを「理解不能」「ようち」と評し、疎遠になっていきます。二人の関係が呼称に表れます。「健ちゃん」と呼ぶ大ちゃんに対し、「ぼく」は大ちゃんを「おまえ」と呼びます。しかし最終場面、大きな鯉と格闘する大介を「大ちゃん、のがすなっ！」と大声で叫ぶ「ぼく」。関係の変化がよく分かる物語です。呼称から関係の変化が見えるのは、「大造じいさんとガン」（光村五）も同様です。

> 残雪というのは、一羽のガンにつけられた名前です。左右のつばさ
> に一か所ずつ、真っ白な交じり毛をもっていたので、かりゅうどたち
> からそうよばれていました。

「かりゅうどたち」から特別な名前で呼ばれており、いかに残雪が注視すべき存在だったのかが分かります。それが最終場面になると、大造じいさんは「おうい、がんの英雄よ。」と呼びかけます。「たかが鳥」から「英雄」へ、残雪との関係が変化していくのが、やはり呼称から分かります。

最後に、人物同士の様々な関係が詰まった物語が「海の命」（光村六）です。中心人物太一と父、与吉じいさ、クエ。それぞれが違った影響を直接的に間接的に太一に与えます。その中で注目したいのが母です。2か所しか登場しない母は、太一とどのような関係にあり、太一に対してどのような役割を担っているのでしょうか。母が登場する場面を抜き出してみます。

> ・「おまえが、おとうの死んだ瀬にもぐると、いつ言いだすかと思う
> と、私はおそろしくて夜もねむれないよ。おまえの心の中が見える
> ようで。」
> 太一は、あらしさえもはね返す屈強な若者になっていたのだ。太一
> は、そのたくましい背中に、母の悲しみさえも背負おうとしていた
> のである。
> ・やがて、太一は村のむすめとけっこんし、子どもを四人育てた。男
> と女と二人ずつで、みんな元気でやさしい子どもたちだった。母は
> おだやかで満ち足りた美しいおばあさんになった。

母の変化と太一の成長が重なります。母は、太一が海に生きることに反対する唯一の存在であり、太一の成長を示す重要な役割を担っています。

ユニット3:「言葉」を見つめる
スイッチ1:くり返し

 くり返しはリズムを生み出し、読者の心を揺さぶります。大きく、フレーズ・展開、言葉の2種類があります。

くり返しが生み出すリズムと印象深さ

まず、フレーズ・展開のくり返し。代表的なのが「大きなかぶ」（光村一上）でしょう。「うんとこしょ、どっこいしょ。」という印象的なくり返しの言葉とともに、展開も少しずつ言葉を変えながらくり返されていきます。

> けれども、かぶは　ぬけません。／それでも、かぶは　ぬけません。
> やっぱり、かぶは　ぬけません。／まだまだ、かぶは　ぬけません。
> なかなか、かぶは　ぬけません。／とうとう、かぶは　ぬけました。

上の言葉は、西郷竹彦氏の訳ですが、内田莉莎子氏の訳だと「ところが／それでも／まだまだ／まだまだ、まだまだ／それでも／やっと」という言葉とともに場面が展開していきます。どちらもリズムを大事にしながら展開のくり返しを支える言葉が選ばれていますね。

「くじらぐも」（光村一下）では、「天までとどけ、一、二、三。」がくり返され、「たぬきの糸車」（光村一下）では糸車の回る「キーカラカラ　キーカラカラ　キークルクル　キークルクル」というくり返しが子どもを物語世界へといざないます。「名前を見てちょうだい」（東書二上）では、題名がまさにくり返されます。えっちゃんは、「こら、ぼうし、まてえ。」と追いかけ、きつね、牛、大男に出会うと「名前を見てちょうだい。」と告げます。このくり返しによって、次に何が起きるのかワクワクします。

物語文

ユニット
3

言葉

「きつねのおきゃくさま」（教出二上）では、似たようなフレーズとともに展開がくり返されます。

・ひよこは、まるまる　太って　きたぜ。
・あひるも、まるまる　太って　きたぜ。
・うさぎも、まるまる　太って　きたぜ。

「世界で一番やかましい音」（東書五）では、「別に悪気はなかったのですが」というフレーズがテンポよくくり返され、結末の伏線となります。

　別に悪気はなかったのですが、近所のおくさんたちは、だんなさんにこの話をしました。
　別に悪気はなかったのですが、だんなさんたちは、職場で、同りょうにこの話をしました。

　最後に、言葉のくり返しを取り上げておきます。反復とも言います。
　「大造じいさんとガン」（光村五）の最終場面、一秒でも早く仲間のもとに戻ろうと「北へ北へ」飛び去る残雪。その姿を大造じいさんは「いつまでも、いつまでも」見守ります。高学年の指導事項に「比喩や反復など表現の工夫に気付くこと。」とあるように、反復は重要な分析のスイッチです。

　そうして、残雪が北へ北へと飛び去っていくのを、晴れ晴れとした顔つきで見守っていました。
　いつまでも、いつまでも、見守っていました。

　もしこのくり返しがなかったら、「北へ」、「いつまでも」が一回だったら印象が変わりませんか。くり返しは作者の巧みな技のひとつです。

ユニット3:「言葉」を見つめる
スイッチ2:比喩（たとえ）

Point　比喩には、作者の個性が表れます。比喩は、想像をスムーズに
膨らませる手助けをしてくれます。

比喩は、作者から読者への気遣い

　「サウナに入ったみたいな蒸し暑さ」。蒸気が全身にまとわりつき、息苦し
さを覚えるサウナならではの感覚。それが分からなければ、このたとえは通
用しません。比喩とは、基本的には相手が知らないことを知っていることを
通して伝え、スムーズに想像を膨らませる装置です。言い換えれば、作者か
らの読者への気遣いであり、作者としては、この具体例で分かってほしい！
と、ぎりぎりのせめぎ合いをしているといえます。さて、物語文ではどのよ
うな比喩が使われているでしょう。「スーホの白い馬」（光村二下）では、早
くスーホのもとに帰りたいという白馬の心が感じられます。

> 　　白馬は、とのさまの手からたづなをふりはなすと、さわぎ立てるみ
> んなの間をぬけて、風のようにかけだしました。

「注文の多い料理店」（東書五）の最終場面の比喩も印象的です。

> 　　二人はあんまり心をいためたために、顔がまるでくしゃくしゃの紙
> くずのようになり、おたがいにその顔を見合せ、ぶるぶるふるえ、声
> もなく泣きました。

「白いぼうし」（光村四上）では、最終場面で「おどるように飛んでいるち

ょう」が描かれます。そのちょうから「よかったね。」「よかったよ。」と、「シャボン玉のはじけるような」小さな小さな声が聞こえてきます。「なまえつけてよ」（光村五）では、初めて見る子馬の毛艶のよさが「クッキーのような、おいしそうな色」とたとえられています。「まいごのかぎ」（光村三上）には、たくさんの比喩が出てきます。

> ・ぱりっとしたシャツのような夏の風
> ・夏の日ざしをすいこんだような、こがね色のかぎ
> ・ベンチは、四本のあしをぐいとのばし、大きな犬のように、せなかをそらせました。
> ・たちまち、あじの開きは、小さなかもめみたいに、はばたきはじめます。

　場面の様子が映像のように浮かんできます。比喩の効果を巧みに使った物語です。そんなものにたとえるのか！と驚くこともしばしば。比喩は、作者の個性やものの見方が反映されますね。

　数年前、「スイミー」（光村二上）を教材とした学習を参観した時のこと、「ある日、おそろしいまぐろが、おなかをすかせて、すごいはやさでミサイルみたいにつっこんできた。」という文をめぐって、ある子がつぶやきました。「ぼく、ミサイルを見たことがないから分からない。」。小さな魚たちにとって、マグロはミサイルのような絶対的な暴力として襲ってきたことでしょう。しかし、この子には、この比喩が通じなかったわけです。「水中ブルドーザーみたいないせえび。」と言われ、どれだけの子どもがその迫力や力強い動きをいせえびに重ねたでしょう。子どもの生活経験は、比喩に大きく影響します。比喩が比喩として機能するのか、考えてみたいですね。高学年の指導事項に「比喩や反復など表現の工夫に気付くこと。」とあるように、くり返し（反復）と同様、比喩も重要な教材研究のスイッチです。

スイッチ3：オノマトペ

Point 日本語はオノマトペが発達した言語のひとつです。オノマトペは、場面や人物の様子、行動を鮮やかに描き出します。

今も生み出され、増え続けるオノマトペ

最近、犬や猫の毛並みの柔らかさ、触り心地のよさを表すのに使われる「もふもふ」。私が子どもだった頃にはなかった表現のように思います。しとしと降る雨とザアザア降る雨では大違い。にこにこ笑う、にやにや笑うでは、大違い。他に、にこっと、にかにか、げらげらなど笑うという動作だけでも何種類ものオノマトペが使われ、微妙な気持ちの違いを表しています。

そもそもオノマトペとは、擬態語、擬音語の総称です。擬音語は物音を表す言葉で、その中でも動物の鳴き声などを表す言葉を擬声語と言います。擬音語や擬声語は、多くの場合カタカナで表記します。擬態語は、様子や状態を表す言葉で、ひらがなで表記することが多いです。

「かさこじぞう」（教出二下）では、地蔵様が荷物を下ろす音が「ズッサンズッサン」と表現されます。「サラダでげんき」（東書一下）では、りっちゃんがサラダを作るときの音が、「きゅうりをトントントン、キャベツはシャシャシャキ、トマトもストントントン」と描かれています。

「やくそく」（光村一上）では、あおむしが葉っぱを食べる音が、「むしゃむしゃ　むしゃむしゃ」、「もりもり　もりもり」と表され、元気いっぱいな様子が伝わってきます。また、大きな木から下りる様子を「くんねり　くんねり」と表し、あおむしらしいコミカルな動きが想像できます。

「わたしはおねえさん」（光村二下）には、こんな文が出てきます。

そんな朝に　この歌を歌うと、お天気も、すみれちゃんの気もちも、もっとぴかぴかかがやくように、すみれちゃんには思えるのでした。

　さて、私がオノマトペの魔術師と呼びたい作家が二人います。宮沢賢治氏とあまんきみこ氏です。宮沢賢治氏の用いたオノマトペを紹介しましょう。

・風がどうとふいてきて、草はザワザワ、木の葉はカサカサ、木はゴトンゴトンと鳴りました。(「注文の多い料理店」(東書五))
・「クラムボンは　かぷかぷ笑ったよ。」
・そのとき、トブン。黒い丸い大きなものが、天井から落ちてずうっとしずんで、また上へ上っていきました。(「やまなし」(光村六))
・きつねは、おかしそうに口を曲げて、キックキックトントンキックキックトントンと足ぶみを始めて　(「雪わたり」(教出五下))

あまんきみこ氏も負けず劣らず、独創的なオノマトペを生み出します。

・むねをはって、大男をきリリと見上げて言いました。
・湯気を立てたえっちゃんの体が、また、ぐわあんと大きくなりました。(「名前を見てちょうだい」(東書二上))

　『日本語オノマトペ辞典』(小野正弘編、小学館)には4500語のオノマトペが採録されています。日本語話者はオノマトペを、言語を理解する機能をもつ左脳で捉えるという研究結果もあります。つまり日本語話者はオノマトペを「言葉」として理解しているということです。場面や人物の様子、行動を鮮やかに描き出し、今でも増え続けるオノマトペ、大注目です!

ユニット3:「言葉」を見つめる
スイッチ4：色ことば

Point ｜ 私たちは、色に対し特定のイメージをもっています。青には冷静さや爽やかさ、赤には情熱や危険性というように。

色ことばが、物語の雰囲気を染め上げる

　好きな色はありますか。私は横浜市出身なので野球もサッカーも青色のユニフォームがいつも身近にあり、今でも大好きな色です。洋服もカバンも建物も食べ物も、世の中は様々な色で彩られています。また、日本には四季があるので、その季節らしい色合いもなじみがあります。春といえば、桜のピンク色。新緑という言葉もあります。夏は海や空の青さでしょうか。秋には紅葉。冬は一面の銀世界。冬になると、落ち着いた色の服装が目立つのも季節と色彩が結び付いている証拠です。物語の世界にも様々な色が登場します。「ごんぎつね」（光村四下）のこの「青」は有名ですね。

> 　　兵十は、火縄じゅうをばたりと取り落としました。青いけむりが、まだつつ口から細く出ていました。

「青」が物語全体を包み込んでいるのが、「きつねの窓」（教出六下）。

> ・みがき上げられた青いガラス　（空）
> ・「染め物　ききょう屋」と、青い字の看板が見えました。

「白いぼうし」（光村四上）は、すでに題名に色が含まれています。文章中にもたくさんの色が登場します。

・水色の新しい虫とりあみをかかえた男の子が、エプロンを着けたま
まのお母さんの手を、ぐいぐい引っぱってきます。
・白いちょうが、二十も三十も、いえ、もっとたくさん飛んでいまし
た。クローバーが青々と広がり、わた毛と黄色の花の交じったたん
ぽぽが、点々のもようになってさいています。

なぜ、虫とりあみは水色なのでしょう。物語の舞台は初夏です。まだ、虫
とりあみは使い古されていないのでしょう。新しさ、爽やかさを引き立てる
のにもってこいの色ですね。また、白いちょうちょと青々と広がったクロー
バー、たんぽぽの綿毛の白と黄色の花。このコントラストは、まるで絵画の
ようです。「まるで」といえば、「白いぼうし」には、「まるで、あたたかい
日の光をそのままそめつけたような、見事な色」という表現も出てきます。
あまんきみこ氏らしい、想像を掻き立てる色ことばです。

色ことばは、私たちの頭の中に絵画を描かせます。言葉の映像化を促しま
す。「アレクサンダとぜんまいねずみ」（教出二下）に出てくる、「花々とちょ
うちょうの色をした、大きなとかげ」。会ってみたいと思いませんか。

「やまなし」（光村六）も数多くの色ことばが使われている物語です。そし
て、その色ことばは五月と十二月を比べる観点ともなります。

田所愛教諭（山梨県・北杜市立高根東小）の調査によると、4社の教科書
の物語文で直接的に使われている色は、白、青、赤が断トツに多く、白は
154回、青は102回、赤が98回も出てくるそうです。続いて黒や黄色が続き
ます。

私たちは、色に特定のイメージをもっています。色ことばは、場面の様子
や状況（白、青、緑、黄色、ピンクなど）、時には登場人物の容姿や気持ち、
心情までも表します（白、青、赤、黒など）。一つの物語文に何回、何色が
使われているか、数えてみるのも教材研究の基礎といえそうですね。

スイッチ5：鼻ことば・肌ことば

Point 物の感触、漂う香り・・・色ことば同様、鼻ことばと肌ことばは、場面の様子を想像する手がかりになります。

文字から匂い立つ香り、文字から伝わる肌感覚

テレビでグルメ番組を見ていて、その料理のにおいを嗅いでみたい、熱々さを感じてみたいと思ったことはないでしょうか。残念ながら直接体験はできないぶん、映像やリポーターの言動から想像を膨らませます。

物語も同様、文字からは香りも手触りも直接は分かりません。しかし、作者が言葉を尽くして表現したその香り、感触を私たちは過去の経験と結び付けて疑似体験します。

まずは、鼻ことばから。「白いぼうし」（光村四上）には、夏みかんのにおいが出てきます。「もぎたてなのです。きのう、いなかのおふくろが、速達で送ってくれました。においまでわたしにとどけたかったのでしょう。」や、「すっぱい、いいにおいが、風であたりに広がりました。」という表現から、夏みかんのすっぱくて爽やかな香りが漂ってきます。同じように、「やまなし」（光村六）には、「そうじゃない。あれはやまなしだ。流れていくぞ。ついていってみよう。ああ、いいにおいだな。」という会話文が出てきます。やまなしはあまり見かけない実かもしれませんが、きっと柑橘系の甘酸っぱい香りが水に溶け込むように広がっているのでしょうね。

「帰り道」（光村六）には、草木からたちこめるにおいが描かれます。

> 空一面からシャワーの水が降ってきた。

> もちろん、そんなわけはない。なのに、なぜだかとっさにプールの後に浴びるシャワーがうかんだのは、公園の新緑がふりまく初夏のにおいのせいかもしれない。

　草木のにおいに包まれた公園に降り注ぐ天気雨。さぞ清らかで、身も心もさっぱりしたことでしょう。「白い花びら」（教出三上）では、ゆうたが初めて女の子と出会うシーンで鼻ことばが使われています。

> 　ゆうたは、目を大きく開いた。同時に女の子がふり返った。おどろいたような目でゆうたを見て、そして、にこりとわらった。日だまりの中で、ふわりと花のようなにおいがしたな、と思った時。

　最終場面、女の子と最初に出会った場所には、満開の桜が咲いています。「ふわりと花のようなにおい」…女の子は、桜の化身だったのでしょうか。
　肌ことばも取り上げましょう。「川とノリオ」（教出六上）から2例ほど。

> ①母ちゃんの手が、せっせと動くたびに、はんてんのえりもともせわしくゆれて、ほっぺたの上のなみだのあとに、川風がすうすうと冷たかった。
> ②「ひやっと冷たい三月の水。」

　①には、母ちゃんの温かさと早春の川風の冷たさが対比的に描かれています。②からは、春の日ざしと対照的な水の冷たさがよく分かります。
　甘い香り、清々しい香り、落ち着く香り。ひやっとした感触、焼けるような熱さ、ふさふさした手触り。鼻ことばと肌ことばは、読者に自らの体験を呼び起こさせ、場面の様子を豊かに想像するスイッチとなります。

75

ユニット3:「言葉」を見つめる
スイッチ6:擬人法

 Point 物語では太陽も風も石でさえも生き生きと話し出します。擬人法は、ものに命を吹き込みます。

物語は、擬人法であふれている

暑い夏の日の一コマを描いた短い物語を創作してみました。

> 　電車は、目的地に向かって順調に走っています。駅に着くと目の前に東京スカイツリーが堂々とそびえ立っています。太陽が空高く昇り、気温が上昇。お店では、クーラーが全力で冷気を店内に送り届けています。

特に違和感なく、内容を理解し、情景が目に浮かんだのではないでしょうか。でも実はよく考えてみると、電車は自らの意思で走っているわけではありません。スカイツリーも感情をもって立っているわけではありません。もちろん、クーラーもお客さんに冷気を送り届けよう、とがんばっているわけではありません。私たちの身の回りには、擬人法があふれていると捉えることができそうです。では、物語文での使用法を見てみましょう。「モチモチの木」（光村三下）で、豆太が医者様を呼びに行く場面です。

> 　外はすごい星で、月も出ていた。とうげの下りの坂道は、一面の真っ白い霜で、雪みたいだった。霜が足にかみついた。

霜にかみつかれるほどの痛みをこらえ、豆太は裸足で医者様を呼びにいき

ます。それだけ豆太が切迫していたのが伝わってきます。「帰り道」（光村六）では、周也が苦手とする公園が擬人化されます。

> 無言のまま歩道橋をわたった先には、しかも、市立公園が待ち受けていた。道の両側から木々のこずえがたれこめた帰り道。人声も、車の音も、工事の騒音も聞こえない緑のトンネル。ぼくはこの静けさが大の苦手だった。

公園は、人を待ち受けたりしません。しかし、そう感じた周也。律との接し方に戸惑い、おろおろとしている心境が伝わってきます。

物語のカギとなるものが、擬人化されて示される場合もあります。「まいごのかぎ」（光村三上）では、「かぎ」。「川とノリオ」（教出六上）では、「川」。「モチモチの木」（光村三下）では、とちの木。上記の作品から、題名にも表される物語のカギが擬人化される三例を挙げましょう。

> ・かぎは、りいこにまばたきするかのように光りました。（「まいごのかぎ」）
>
> ・川はいつのまにか笑いをやめて、ひたひたとノリオをとり巻いた。（「川とノリオ」）
>
> ・木がおこって、両手で、「お化けぇ。」って、上からおどかすんだ。（「モチモチの木」）

擬人法にはオノマトペ同様、作者の巧みで独創的な表現が散りばめられ、あらゆるものに命を吹き込みます。命を吹き込まれたものは物語の中で重要な役割をすることが多いので、教材研究で注目しておきたいですね。

スイッチ7：情景

晴天の日、太陽から降り注ぐ日ざしを「キラキラ輝いている」
と書くか、「まぶしくて目が痛い」と書くか。

同じ景色でも気持ちや心情によって見え方、感じ方が変わる

　情景は、「心が動かされるような場面や風景などのこと。物語の中でえがかれる情景には、登場人物の気持ちが表されることがある。」（東書）、「物語などで、人物の心情とひびき合うようにえがかれた自然の景色や場面の様子。」（学図）などと定義されています。簡単にいえば、情景とは「心情」が投影されている「景色」と共通理解できるでしょう。

　私たちは日常生活において、無意識に景色に心情を投影し、情景を味わっています。例えば、快晴の夏の日の朝。その日が何かの試験日だった場合には、「ただ立っているだけで汗が吹き出しそうな暑さ。太陽が猛獣のように襲ってくる。」と表現されるかもしれません。その日が待ちに待ったキャンプの日だった場合には、「天気が味方をしてくれた。太陽がよかったねと笑っているような暑さ。」と描写されるかもしれません。同じ景色、天気、状況でも、その人物が置かれている場や心境によって見え方、感じ方は違ってくる。それを地の文に表したのが情景描写といえるでしょう。

　「いつか、大切なところ」（教出五上）の二つの叙述を比べてみましょう。

---

　①タタン、タタン、タタン。

　　タタン、タタン、タタン。

　　電車は軽やかなリズムでゆれている。

　②帰りの電車は、ぬれた服をきたように体が重かった。

> タタン、タタン、タタン。電車の音も単調で、ちっともはずんでな
> どいない。なみだがこみあげてきそうなのをこらえ、まどに目をやる
> と、くすんだ色の景色が流れている。

転校前に住んでいた町へ、そして学校へ向かい、友達と会う亮太のワクワ
ク感が、①の電車の音の描写に表れています。しかし、様々な変化を感じ取
った帰り道。沈んだ亮太の心が②の情景描写に表れています。

次に挙げる、「ごんぎつね」の冒頭（③）と、「大造じいさんとガン」の3
つの表現（④⑤）は、よく授業場面でも取り上げられる情景描写です。

> ③雨があがると、ごんは、ほっとしてあなからはい出ました。空はか
> らっと晴れていて、もずの声がキンキンひびいていました。
> ④あかつきの光が、小屋の中にすがすがしく流れこんできました。
> ⑤東の空が真っ赤に燃えて、朝が来ました。

教出の「白いぼうし」（四上）の「ここが大事」には、「じょうけいを読む」
と題し、「この表現からは、『いいことを思いついた。』という、松井さんの
気持ちがつたわってきます。」と書かれています。

> 運転席から取り出したのは、あの夏みかんです。まるであたたかい
> 日の光をそのままそめつけたような、みごとな色でした。すっぱい、
> いいにおいが、風であたりに広がりました。

松井さんにとっては、夏みかんがそう見えたのですね。心が感じられます。

情景は、中学年の指導事項にも出てくる言葉です。もしかしてこの描写に
人物の気持ちが投影されているかな、とスイッチを入れましょう。

ユニット3:「言葉」を見つめる
スイッチ8：文の長さ

Point 短い文が生み出す実況中継のような緊迫感や臨場感。長い文や読点が生み出す悲しみや苦労。文の長さをチェック！

長い文は映像、短い文は写真。その連なりはスライドショー

　野球の中継を見ていると、「打った！　これは大きい。入った、ホームラン！」など、小気味よい短文をが聞こえてきます。①「走れ」（東書四上）や、②「ちいちゃんのかげおくり」（光村三下）の文は、まさに実況中継のようです。

> ①けんじは、保護者席をちらりと見た。が、すぐにまっすぐ前をにらんだ。そして、ピストルが鳴ったしゅん間、一気に飛び出した。<u>速い。速い。</u>
>
> ②<u>お兄ちゃんがころびました。足から血が出ています。ひどいけがです。</u>

　短文の連なりは、スライドショーで見るような感覚に対して、長い文は動きのある映像を見ているような感覚になるかもしれません。「わにのおじいさんのたからもの」（教出二上）は、一文を長くすることで、おにの子が苦労して宝物にたどり着く様子を表しています。

> 　おにの子は、地図を見ながら、とうげをこえ、けもの道をよこぎり、つりばしをわたり、谷川にそって上り、岩あなをくぐりぬけ、森の中で何度も道にまよいそうになりながら、やっと地図の×じるしの場所

　へたどりつきました。

「スーホの白い馬」（光村二下）には、こんな一文があります。あえて、読点を増やすことで、白馬が死んでしまった悲しみを伝えています。

　そして、つぎの日、白馬は、しんでしまいました。

短い文は、その瞬間にスポットライトを当てるのに適しています。③「くじらぐも」（光村一下）、④「スーホの白い馬」（光村二下）、⑤「やまなし」（光村六）では、「そのときです。」という一文が効果的に使われています。

　③「天まで　とどけ、一、二、三。」
　その　ときです。
　いきなり、かぜが、みんなを　空へ　ふきとばしました。
④そのときです。白馬は、おそろしいいきおいではね上がりました。
⑤そのときです。にわかに天井に白いあわが立って、青光りのまるでぎらぎらする鉄砲だまのようなものが、いきなり飛びこんできました。

「大造じいさんとガン」（光村五）の一文も見事に瞬間を切り取ります。

　もう一けりと、ハヤブサがこうげきの姿勢をとったとき、さっと、大きなかげが空を横切りました。／残雪です。

　短い文が捉える瞬間、短い文のつながりが表す緊迫感。長い文や読点の打ち方によって生み出される悲しみや苦労。文の長さは、場面の様子や人物の心情を巧みに描き出す効果があります。

ユニット3:「言葉」を見つめる
スイッチ9:文末

Point 敬体と常体。現在形と過去形。文末表現の使い分けで作品に対する読者の印象は大きく変わります。

文末は読者と作品、語り手と作品の関係を指し示す

スイッチ8では、文の長さが、臨場感や緊張感など読者の印象を左右すると述べました。それと同様に、文末表現でも読者の印象は変化します。スイッチ8で取り上げた「大造じいさんとガン」（光村五）の一文を再度紹介します。

> もう一けりと、ハヤブサがこうげきの姿勢をとったとき、さっと、大きなかげが空を横切りました。／残雪です。

「残雪でした。」と書かれていたら、これほどの緊迫感が生み出されたでしょうか。次の二文を比べると、文末による印象の違いがよく分かります。

> ・スタート位置につきました。先生が、「よーい、スタート」と言いました。ぼくは、走り出しました。前の人を追いかけました。
> ・スタート位置につきます。先生が、「よーい、スタート」」と言いました。ぼくは、走り出します。前の人を追いかけます。

次に、敬体と常体の使い分けを見ていきましょう。「ずうっと、ずっと、大すきだよ」（光村一下）の冒頭は敬体ですが、話の内容は常体で書かれ、他者に語りかけながらも心の中でエルフのことを思い出している「ぼく」の

様子が伝わってきます。

・エルフの ことを はなします。
エルフは、せかいで いちばん すばらしい 犬です。
・ぼくたちは、いっしょに 大きく なった。
でも、エルフの ほうが、ずっと 早く、大きく なったよ。

「スーホの白い馬」（二下）は、敬体での丁寧な語り口が印象的です。

けい馬がはじまりました。たくましいわかものたちは、いっせいに
かわのむちをふりました。馬は、とぶようにかけます。でも、先頭を
走っていくのは、白馬です。スーホののった白馬です。

「大造じいさんとガン」は、ユニット１で紹介しましたが、敬体と常体の
文章が存在します。残雪とハヤブサの対決シーンを比べてみましょう。

・もう一けりと、ハヤブサがこうげきの姿勢をとったとき、さっと、
大きなかげが空を横切りました。／残雪です。／大造じいさんは、
ぐっとじゅうをかたに当て、残雪をねらいました。が、なんと思っ
たか、再びじゅうを下ろしてしまいました。（光村五）
・もう一けりと、はやぶさがこうげきの姿勢をとった時、さっと、大
きなかげが空を横ぎった。／残雪だ。／大造じいさんは、ぐっと銃
を肩に当てて、残雪をねらった。が、なんと思ったか、ふたたび銃
をおろしてしまった。（教出五下）

文末によって印象は大きく変わります。文末は読者と作品の関係のあり方、
語り手と作品の関係性を指し示すメッセージとなります。

ユニット3：「言葉」を見つめる
スイッチ10：体言止め・倒置法

 Point 体言止めや倒置法によって、一つの言葉を読者の心に残したり、読者に余韻を与えたりします。

脚光が当たる言葉が変化する優れた技法

・私はお寿司が大好きで、その中でも大トロが一番好きです。

・私が大好きなのはお寿司で、その中でも一番好きなのは、大トロ。

どうでしょう。文の内容は変わらないのに強調されている言葉が変わりますね。「川とノリオ」（教出六上）には、次のような文があります。

> 　幾たびめかのあの日がめぐってきた。
> 　まぶしい川のまん中で、母ちゃんを一日中、待っていたあの日。そしてとうとう母ちゃんが、もどってこなかった夏のあの日。

「あの日」が体言止めでくり返され、原爆が投下された八月六日が強調されていきます。この文章には、川を印象付ける倒置法も使われています。

> 　町はずれを行く、いなかびたひと筋の流れだけれど、その川はすずしい音をたてて、さらさらと休まずに流れている。日の光のチロチロゆれる川底に、茶わんのかけらなどしずめたまま。

「スイミー」（光村二上）も体言止めや倒置法が多く使われています。

> ・にげたのはスイミーだけ。

> スイミーは、およいだ、くらい海のそこを。
> ・水中ブルドーザーみたいないせえび。
> ・うなぎ。かおを見るころには、しっぽをわすれているほど長い。

「スイミーだけがにげた。スイミーはくらい海のそこをおよいだ。」と書き換えたらどうでしょう。子どもに提示し、印象を比べる活動を行うと、体言止めや倒置法の効果が実感できます。

「一つの花」（光村四上）の、お父さんが出征する最終場面。お父さんは題名ともなっている「一つの花」を「見つめながら」汽車に乗り込みます。倒置法によって、「一つの花」が印象に強く残ります。お父さんは、なぜ最後にゆみ子やお母さんの顔を見なかったのでしょうか。見なかったのではなく、見られなかったのもしれません。

> お父さんは、それを見てにっこりわらうと、何も言わずに、汽車に乗って行ってしまいました。ゆみ子のにぎっている、一つの花を見つめながら———。

「きつねの窓」（教出六下）の最終場面にも倒置法が使われています。

> それでも、ときどき、ぼくは、指で窓を作ってみるのです。ひょっとして、何か見えやしないかと思って。

指でつくる窓にまた懐かしい人たちが映ってほしい。そんな「ぼく」の願いを感じる結末です。体言止めや倒置法の優れた効果を実感できたでしょうか。脚光が当たる言葉を変化させ、余韻を与える優れた表現です。

スイッチ11：複合語・語調

 Point 語調は、物語に硬さと柔らかさを与えます。複合語は、物語に具体性を与えます。

複合動詞で人物の行動をより具体化する

　まず、語調に目を向けてみましょう。例えば、和語と漢語ならば、「寝る」と「就寝」「訪れる」と「訪問」。ひらがなとカタカナならば、ふわふわとフワフワ。さくら、サクラ、桜。どのような語調を用いるかによって、読者に与えるイメージは変わります。漢語調ならば、硬質なイメージを与えるでしょう。

　「のらねこ」（教出三上）には、次のような言葉が出てきます。

> 　ははあん。そうだったのか。合点がいったリョウは言います。
> 「ねえ。君、もしかして、かわいがられるって、どういうことか知らないんじゃない。」

　「大造じいさんとガン」（光村五）にも、こんな漢語が登場します。

> ・大造じいさんは、思わず感嘆の声をもらしてしまいました。
> ・大造じいさんは、うまくいったので、会心のえみをもらしました。

　合点、感嘆、会心。このような漢語が物語をキリっと引き締めます。また、物語に独特の世界観を与え、古き良き風情を漂わせます。

　次に、複合語に着目しましょう。複合語とは、「二つ以上の言葉が合わさり、一つの言葉として通用するもの」です。ここでは、複合動詞を取り上げ

ます。「大造じいさんとガン」は複合動詞も効果的に使われています。

> 　大造じいさんは、花の下に立って、こう大きな声でよびかけました。
> 　そうして、残雪が北へ北へと<u>飛び去って</u>いくのを、晴れ晴れとした顔
> つきで<u>見守って</u>いました。
> 　いつまでも、いつまでも、<u>見守って</u>いました。

　残雪は、仲間の待つ北へと「飛んで」いくのではありません。「飛び去って」いくのです。その姿を大造じいさんは「見ている」のではありません。「見守って」いるのです。複合動詞が残雪の威厳や仲間を想う気持ちの強さ、大造じいさんの労わりや温かさを表現しています。

　「おとうとねずみ　チロ」（東書一下）も複合動詞が効果的な物語です。

> 　チロは、さっそくチョッキをきると、おかのてっぺんの木へ<u>かけの</u>
> <u>ぼり</u>ました。

　勢いよくかけのぼるチロ。おばあちゃんがチロのことを忘れずにチョッキを編んでくれた喜びを爆発させているのがよく分かります。

　最後に「ごんぎつね」（光村四下）。兵十は、悪さをするごんを見つけ、「どなりたて」ます。その声を聞いてごんは「飛び上がり」ます。兵十の怒りの強さが、悲しい結末につながります。

> 　「うわあ、ぬすっとぎつねめ。」と<u>どなり立て</u>ました。ごんは、びっ
> くりして<u>飛び上がり</u>ました。

　複合動詞は、人物の行動を具体化し、気持ちや心情を読者に届ける重要な役目を担っています。ぜひ、物語に潜んでいる複合語を見つけましょう。

ユニット3：「言葉」を見つめる
スイッチ12：カギことば

題名になる言葉、何度も出てくる言葉、何かを象徴している言葉。物語に埋まっている宝石のような言葉に目を向けましょう。

カギとなる言葉が物語全体を包み込む

　題名が、カギことばになっている作品が多くあります。例えば、「名前を見てちょうだい」（東書二上）や「ニャーゴ」（東書二上）が分かりやすい例でしょう。これらの物語では、何度もその言葉が中心人物から発せられます。「ニャーゴ」では、３回くり返される中で中心人物である猫のたまの気持ちが変化していきます。３回目は、小さな声で「ニャーゴ」。たまが３匹の子ねずみの屈託のなさに翻弄される様子に思わず笑みがこぼれます。

　何かを象徴しているカギことばとして代表的なのが「やまなし」（光村六）でしょう。なぜ、宮沢賢治氏は題名を「やまなし」にしたのか。そこにどのような思いをこめたのか、考えてみたくなります。「象徴」について、学図の教科書では「物語や詩などで用いられる、形のない考えや思いなどを具体的な『もの』として表した表現。多くの場合、象徴されている『もの』には、作者の思いがこめられています。」と説明されています。例えば、汗が青春、鳩が平和、白が純潔、みそ汁が母を象徴していると考える人も多いでしょう。「カレーライス」（光村五）も中心人物ひろしの思春期に向かう成長をカレーライスの味（甘口か中辛か）で表していますね。

　「たずねびと」（光村五）は、物語の全体像に関係するカギことばがちりばめられています。その一つが「名前」。中心人物の綾は、同じ名前のアヤを追う中で、ただの歴史的事実として捉えていた原爆を実体のあるものとして理解するようになります。それが、「名前」という言葉に表れています。

・ポスターいっぱいに名前が書いてあるけど、何という名前なのか読めない。すると、ポスターがふわっとめくれ上がって、あごをかすった。と思うと、名前が、とめどなくポスターをはなれて宙にういた。名前はまるで羽虫のようにひょいひょい飛んで、たちまち消えてしまった。

・そして、夢で見失った名前にも、いくつもいくつものおもかげが重なって、わたしの心にうかび上がってきた。

ユニット
3

言葉

　広島を訪れる前、夢の中で淡く消えていった名前。訪問後の最終場面では、一人一人の名前におもかげがくっきりと浮かぶようになります。

　物語全体を包み込むカギことばとして、「ちいちゃんのかげおくり」（光村三下）の「青い空」も見逃せません。ちいちゃんにとって、青い空は家族のつながりの象徴です。結末部の①〜③と④を比べてみましょう。

①そのとき、
「かげおくりのよくできそうな空だなあ。」
というお父さんの声が、青い空からふってきました。
「ね。今、みんなでやってみましょうよ。」
というお母さんの声も、青い空からふってきました。
②そしてちいちゃんは、
「とお。」
ちいちゃんが空を見上げると、青い空に、くっきリと白いかげが四つ。
③「なあんだ。みんな、こんな所にいたから、来なかったのね。」
ちいちゃんは、きらきらわらいだしました。わらいながら、花ばたけの中を走りだしました。

④<u>青い空</u>の下、今日も、おにいちゃんやちいちゃんぐらいの子どもた
　ちが、<u>きらきらわらい声を上げて</u>、遊んでいます。

　ちいちゃんの命が旅立った青い空は、戦争が終わり、安心して子どもたち
が遊ぶ空へと変わりました。しかし、ちいちゃんも「きらきらわらいだし」、
お兄ちゃんやちいちゃんぐらいの子どもたちが「きらきらわらい声を上げて」
いるのは変わりません。いつの時代にも子どもには笑顔が似合います。
　「帰り道」（光村六）もカギ言葉がちりばめられ、効果的に機能している物
語です。二人の中心人物にはそれぞれを象徴するカギことばがあります。そ
れが、律の「みぞおち」（⑤〜⑦）と、周也の「ピンポン」（⑧⑨）です。

⑤先のとがったするどいものが、<u>みぞおち</u>の辺りにずきっとささった。
⑥考えるほどに、<u>みぞおち</u>の辺りが重くなる。
⑦ぼくはさんざん腹をかかえ、気がつくと、<u>みぞおちの異物</u>が消えて
　きた。
⑧「周也。あなた、おしゃべりなくせして、どうして会話のキャッチ
　ボールができないの。会話っていうのは、相手の言葉を受け止めて、
　それをきちんと投げ返すことよ。あなたは一人でぽんぽん球を放っ
　ているだけで、それじゃ、<u>ピンポンの壁打ち</u>といっしょ。」
　<u>ピンポン</u>。なんだそりゃ、とそのときは思ったけど、今、こうして
　壁みたいにだまりこくっている律を相手にしていると、その意味が
　分かるような気がしてくる。
⑨野球チームに入る前、律とよくいっしょに帰っていたころも、ぼく
　はこの公園を通りかかるたび、しんとした空気をかきまぜるみたい
　に、<u>ピンポン球を乱打</u>せずにいられなかった。

周也とのわだかまりが「みぞおち」に重くのしかかる律。律とのわだかまりを解こうと「ピンポン」のように言葉をぽんぽん発する周也。最終場面では、律のみぞおちは軽くなり、周也はピンポン球を乱打せず、律の言葉をしっかりと受け止めます。「いつか、大切なところ」（教出五上）では、題名にある「いつか」というカギことばが最終場面でくり返されます。

> ○
> ○　　前の学校も、前の町も、大好きだ。でも、<u>いつか</u>新しい学校を自分
> ○　の学校だと思う日が来るかもしれない。<u>いつか</u>この町を自分の町だと、
> ○　迷わず言う日が来るかもしれない。
> ○

　未来に向かって歩み出す中心人物の心境を「いつか」というカギことばが象徴しています。最後に「川とノリオ」（教出六上）を取り上げます。この物語では、戦争に翻弄される中成長していくノリオを、川は何も動じることなく見守り続けます。その象徴が「いっとき」という言葉でしょうか。

> ○
> ○　・母ちゃんの生まれるもっと前、いや。じいちゃんの生まれるもっと
> ○　　前から、川はいっときの耐え間もなく、この音をひびかせてきたの
> ○　　だろう。
> ○
> ○　・川は日の光を照り返しながら、いっときも休まず流れ続ける。

　川は、人間の世界に何が起ころうと「いっとき」も変わることなく、流れ続けています。そして人の心を癒し、生活を支えています。
　物語の中で、何度も出てくるカギことばもあれば、要所でキラッと輝きを放つカギことばもあります。題名として注目を集める場合もあります。
　カギことばは、物語という大きな山脈に埋まっている宝石のようなことばです。ぜひ、そのことばを見つけ、物語の中での輝きを感じることができる読者をはぐくんでいきたいですね。

ユニット3：「言葉」を見つめる
スイッチ13：対比ことば

Point　白と黒、晴れと雨、やまなしとかわせみ。対比することばは、
物語の展開に大きく関係します。

比べてみると場面や人物の変化がよくわかる

　物語が終わりを迎えようとしているとき、「あれ？　これに似た言葉や文を最初の方で読んだ気がする。」　そんな経験はありませんか。物語の中で場面や人物が変化したことを対比的に表現していることがよくあります。

　例えば、「世界でいちばんやかましい音」（東書五）では、最初と最後で真逆の立て札が登場します。

> ○　　これよりガヤガヤの都／世界でいちばんやかましい町
> ○　　ようこそガヤガヤの都へ／世界でいちばん静かな町

　「おにたのぼうし」（教出三下）では、まこと君の豆まきと女の子の豆まきのシーンに、同じオノマトペを用いつつ、対比ことばが使われています。

> ○　〈まこと君の豆まき〉
> ○　　まこと君が、元気に豆まきを始めました。
> ○　　　ぱら　ぱら　ぱら　ぱら
> ○　　まこと君は、いりたての豆を、力いっぱい投げました。
> ○　〈女の子の豆まき〉
> ○　　「だから、お母さんだって、もうすぐよくなるわ。」
> ○　　　ぱら　ぱら　ぱら　ぱら

○　　　ぱら　ぱら　ぱら　ぱら
○
○　とてもしずかな豆まきでした。

　まこと君にとっては年中行事としての豆まきですが、女の子は、お母さんを起こさないように、そして病気がよくなることを祈っての豆まきです。

　「お手紙」（光村二下）は、気持ちが直接的に対比されています。

○　ふたりとも、かなしい気分で、げんかんの前にこしを下ろしていまし
○　た。
○
○
○　ふたりとも、とてもしあわせな気もちで、そこにすわっていました。

　「一つの花」（光村四上）では、戦争当時、次々に焼かれて灰になっていた町が復興に向かっていることが、食べ物や町の対比から分かります。

○　　　そのころは、おまんじゅうだの、キャラメルだの、チョコレートだ
○　の、そんな物はどこへ行ってもありませんでした。おやつどころでは
○　ありませんでした。食べる物といえば、お米の代わりに配給される、
○　おいもや豆やかぼちゃしかありませんでした。
○　- -
○　「母さん、お肉とお魚とどっちがいいの。」
○　と、ゆみ子の高い声が、コスモスの中から聞こえてきました。

　場面の変化や、人物の心情の変化を上手に描き出す対比ことば。「やまなし」（光村六）における命をうばい恐怖を与えるかわせみと、命をつなぎ豊かさを与えるやまなしも印象的な対比ことばの一つです。

ユニット3：「言葉」を見つめる
スイッチ14：文学ことば

Point 普段の生活ではなかなか出合わない文学的表現。子どもが新たな言葉を獲得するうえでも大切です。

日常とは違った言葉の世界を楽しむ

ユニット3では、ここまで様々な「言葉」を見つめるスイッチを紹介してきました。それぞれのスイッチに関連しますが、物語文には、普段の生活ではなかなか出合わない文学的表現が盛りだくさんです。例えば、「やまなし」（光村六）には、「かぷかぷ笑う」「ぼかぼか流れる」「もかもか集まる」などの表現が出てきます。「大造じいさんとガン」（光村五）の「あかつきの光が，小屋の中にすがすがしく流れこんできました。」という表現も日常ではあまり用いないですね。「海の命」（光村六）は、「父もその父も，その先ずっと顔も知らない父親たちが住んでいた海に、太一もまた住んでいた。」という文から始まります。太一は、もちろん魚ではないので海に住んではいません。心の居場所としての海を表す文学ことばです。このような、日常ではふれることの少ない表現に目を向けて、物語を読みたいです。

こんな比喩も普段の生活ではお目にかかれないですね。

> 亮太は、森田君をちらっと見た。なんだかむねにすき間風が入ってきたような変な感じだ。（「いつか、大切なところ」（教出五上））
>
> ぼくは、ぽかんと立ちすくみました。まるで、昼の月を見失ったような感じです。（「きつねの窓」（教出六下））

物語文では、死の描き方にも文学ことばが多く使われます。「わすれられないおくりもの」（教出三上）では、死を「長いトンネルの向こうに行く」と表現しています。「ちいちゃんのかげおくり」では、「小さな女の子の命が、空にきえました。」と書かれています。

　次のようなリズムにのった表現も、物語の世界ではよく見られますね。

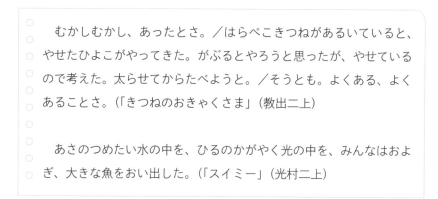

　　むかしむかし、あったとさ。／はらぺこきつねがあるいていると、やせたひよこがやってきた。がぶるとやろうと思ったが、やせているので考えた。太らせてからたべようと。／そうとも。よくある、よくあることさ。（「きつねのおきゃくさま」（教出二上）

　　あさのつめたい水の中を、ひるのかがやく光の中を、みんなはおよぎ、大きな魚をおい出した。（「スイミー」（光村二上）

　文学ことばは、高学年の「ク　比喩や反復などの表現の工夫に気を付くこと。」や、「エ　人物像や物語などの全体像を具体的に想像したり，表現の効果を考えたりすること。」に関連します。小学校入学時、約6千語だった理解語句は、卒業時に約2万語に増えるという調査があります。語彙を豊かにするための第一歩は出合いです。理解語句を使用語句にするプロセスを以下に示します。子どもの使用語句が一語でも増えますように。

　①知る（理解語句・知識）
　②日々目にする，耳にする（視聴化）
　③意識的に使う（技術化）
　④効果の実感（有能感・プラスの他者評価）
　⑤無意識に使う（使用語句・技能化）　ことばの「血肉化」

ユニット4：「飾り」を見つめる
スイッチ1：けずる

 可能な限り、言葉を削ってみましょう。すると、物語文にはいかに修飾語が多いか実感できます。

物語は、修飾語でドレスアップする

　ユニット4の2つのスイッチは、私が教材研究を始める時に必ず用いるスイッチです。お若い先生にも子どもたちにもおすすめです。

　はじめに「スーホの白い馬」（光村二下）の冒頭を取り上げます。

> 　むかし、モンゴルの草原に、スーホという、<u>まずしいひつじかいの</u>少年がいました。スーホは、<u>年とったおばあさんと</u><u>ふたりきりで</u>、くらしていました。スーホは、<u>おとなにまけないくらい、</u>よくはたらきました。毎朝、<u>早くおきると、</u>スーホは、<u>おばあさんをたすけて、</u>ごはんのしたくをします。

　下線の言葉をけずるとかなり短くなりますが、大意は通じます。しかし、これらの言葉があることで、スーホの性格や境遇がよく分かります。

　「白いぼうし」（光村四上）には、「<u>水色の新しい</u>虫とりあみをかかえた男の子が、<u>エプロンを着けたままの</u>お母さんの手を、<u>ぐいぐい</u>引っぱってきます。」という文があります。「水色の新しい」、「エプロンを着けたまま」、「ぐいぐい」などの言葉はなくても通じます。しかし、これらの言葉が初夏の情景、ちょうをつかまえた男の子の浮き立つ心を読者に伝えています。

　このように、物語は多くの修飾語でドレスアップし、人物や場面の様子を読者の頭の中に豊かに描けるようにしています。他の例を4つほど挙げまし

ょう。下線の言葉はけずれますが、その言葉があることでどのような効果を
生んでいるでしょう。ぜひ、考えてみてください。

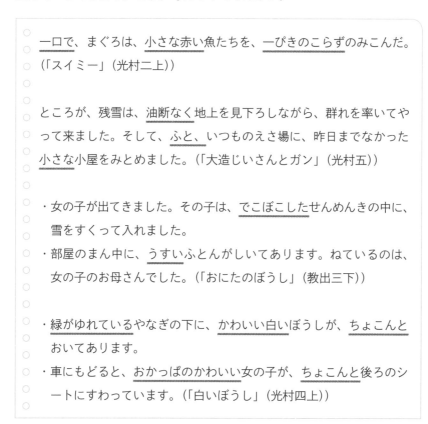

一口で、まぐろは、小さな赤い魚たちを、一ぴきのこらずのみこんだ。
（「スイミー」（光村二上））

ところが、残雪は、油断なく地上を見下ろしながら、群れを率いてや
って来ました。そして、ふと、いつものえさ場に、昨日までなかった
小さな小屋をみとめました。（「大造じいさんとガン」（光村五））

・女の子が出てきました。その子は、でこぼこしたせんめんきの中に、
　雪をすくって入れました。
・部屋のまん中に、うすいふとんがしいてあります。ねているのは、
　女の子のお母さんでした。（「おにたのぼうし」（教出三下））

・緑がゆれているやなぎの下に、かわいい白いぼうしが、ちょこんと
　おいてあります。
・車にもどると、おかっぱのかわいい女の子が、ちょこんと後ろのシ
　ートにすわっています。（「白いぼうし」（光村四上））

　「スイミー」では、まぐろと小さな魚の圧倒的な差が感じられます。「大造
じいさんとガン」では、小さな小屋さえも認める残雪の警戒心と察知能力の
高さが分かります。「おにたのぼうし」では、女の子の貧しく辛い境遇が表
れています。「白いぼうし」では、同じ飾りことばが違う文で用いられ、女
の子ともんしろちょうの関係性を暗示しています。
　あえてけずることで、「飾り」に注目してみると物語のドレスアップが分
かります。その飾りことばが人物や場面の様子を印象的にしているのです。

ユニット4：「飾り」を見つめる
スイッチ2：変える

 本来の言葉を別の言葉に変えてみると、その言葉が表している具体的な内容や、その言葉にこめた作者の工夫が見えてきます。

比べてみると、その言葉の輝きが鮮明になる

　スイッチ1では、けずることでその言葉がある効果を考えました。スイッチ2では、変えて比べてみることで、言葉の効果に迫ってみましょう。

　「注文の多い料理店」（東書五）に、次のような表現があります。

> 「早くいらっしゃい。親方がもうナフキンをかけて、ナイフを持って、
> したなめずりして、お客様がたを待っていられます。」
> 　二人は、<u>泣いて泣いて泣いて泣いて</u>泣きました。

　下線の表現は長いので、「すごく」という一言に変えてみましょう。「二人は、すごく泣きました。」に変えても大意は変わりませんが、「泣いて泣いて泣いて泣いて」の方が、長い時間、涙が止まらず、二人の紳士の後悔や幼い一面が伝わってくるのではないでしょうか。次は、「おにたのぼうし」（教出三下）です。ここでも下線の長い表現を一言に変えてみましょう。

> 「福はあ内。おにはあ外。」
> 　<u>茶の間も、客間も、子ども部屋も、台所も、げんかんも、手あらいも、</u>ていねいにまきました。

　下線の表現を「家中に」という一言に変えてみましょう。隅々まで豆まき

をしたという行為は変わらないのですが、一か所ずつ示されることで、物置小屋の天井に隠れているおにたのもとに豆まきが迫ってくる緊迫感が伝わってきます。「アレクサンダとぜんまいねずみ」（教出二下）でも長い表現を一言に変えてみます。家主がアレクサンダを見つける冒頭の場面です。

> 「たすけて！　たすけて！　ねずみよ！」
> 悲鳴があがった。つぎには、ガシャン、ガラガラと大きな音。茶わん、おさら、スプーンが、<u>四方八方にとびちった。</u>
> 　アレクサンダは、<u>ちっちゃな足の出せるかぎりのスピードで</u>、あなにむかって走った。

ユニット
4

飾り

「アレクサンダは、<u>いそいで、</u>あなにむかって走った。」にしてみました。比べてみると、「ちっちゃな足の出せるかぎりのスピード」という表現の方がアレクサンダの焦りが伝わり、また行動が具体的に目に浮かびますね。ちなみに、「四方八方にとびちった。」を「床に落ちた。」にしてみます。家主のあわてふためく様子はどちらが印象的か明らかですね。

　最後に、「お手紙」（光村二下）では、逆の意味の言葉に変えてみます。

> 「ぼく、もう家へ帰らなくっちゃ、がまくん。しなくちゃいけないことが、あるんだ。」
> 　かえるくんは、<u>大いそぎで</u>家へ帰りました。

　もし、下線の言葉を「ゆっくりと」に変えたらどうなるでしょう。子どもが、「大いそぎで」という表現にこめられたかえるくんの気持ちに目を向け、「『ゆっくりと』じゃダメ！」と発言する姿が目に浮かびます。

　<u>変えることで、「飾りことば」がもつ輝きが鮮明になります。</u>言葉の具体的な内容や作者の工夫を見つめるのに役立つスイッチです。

ユニット5：「距離」を見つめる
スイッチ1：場所・時代

 Point 外国や、その地方特有の物語、〇〇時代の物語など、作品の舞台である場所・時代と子どもとの距離です。

埋める必要のある距離か、見極める

　物語は、その国や土地の「当たり前」が土台となっている場合があります。試しに光村の教科書から外国が舞台の物語文を挙げてみましょう。

> おおきなかぶ（一上）・おかゆのおなべ（一下）・ずうっと、ずっと、大すきだよ（一下）・スイミー（二上）・ミリーのすてきなぼうし（二上）・お手紙（二下）・スーホの白い馬（二下）・いかだ（六）

　こうして並べてみると、低学年を中心にけっこうありますね。「ミリーのすてきなぼうし」の冒頭には、絵本と教科書で異なる表現があります。

> 絵本：ミリーはがっこうのかえり、ぼうしやさんのまえをとおりました。
>
> 教科書：ミリーは、さんぽのとちゅう、ぼうしやさんの前を通りました。

　ユニット1でも少し紹介しましたが、絵本の舞台はイギリス。ミリーは学校の帰り道で帽子屋さんに入り、お財布を出して買おうとします。（その財布には全くお金が入っていないのですが…）　日本では下校中にお店で物を

100

買うのはあまり許されないので、「さんぽのとちゅう」に変更されたのでしょう。その国の文化と、読者である子どもとの距離を意図的に埋めた例といえます。土地という意味では、国だけでなく国内の地方や地域などが関係することもあります。「海の命」（光村六）や「あの坂をのぼれば」（教出六上）は海、「ゆず」（学図五下）は雪が大きな役割を果たす物語です。「ゆず」の一節を紹介します。雪国ならではの世界が描かれており、その世界と距離がある子どもは、場面を想像するのが難しいかもしれません。

> かなりの積雪をふみ固めた道は、家々のまどを見下ろすほどに高い。
> 雪の底にしずんでいる小さな果物屋の灯が、その辺リ一面をあわいオレンジ色にそめている。

　時代に目を向けると、昔話やSFをはじめ、子どもの「今」との距離が遠い物語も多数あります。戦争の時代を描いた物語だけでも「ちいちゃんのかげおくり」（光村三下）、「一つの花」（光村四上）、「ヒロシマのうた」（東書六）、「川とノリオ」（教出六上）があります。「たぬきの糸車」（光村一下）や「かさこじぞう」（東書二下）の舞台は、子どもにとって遠い昔です。

　「ごんぎつね」（光村四下）には、「昔は、わたしたちの村の近くの中山という所に、小さなお城があって、中山様というおとの様がおられたそうです。」という一文があり、江戸時代から明治時代の設定と思われます。葬列やお歯黒など、その時代、土地の文化が大きく反映しています。

　その物語の舞台となる国、土地、時代がもつ文化や常識と、子どもの「今」に大きな距離がある場合があります。その際、実物や映像、挿絵などを使ってその距離を埋めることがよく行われます。しかし、忘れてはならないのが、言葉から想像する力をはぐくむという視点です。実物や映像を見せればよいわけではありません。教師が埋めるべき距離か、子どもが言葉を頼りに埋めようとするのを支えるべき距離か、を見極めることが大切です。

ユニット5：「距離」を見つめる
スイッチ2：日常生活

Point 家族構成や家族の仕事、友達関係、住環境など、登場人物が過ごす日常と子どもの日常生活との距離です。

一人一人がもつ日常生活の「当たり前」とのずれ

スイッチ1の場所や時代の距離は、多くの子どもが共通して持っている距離ですが、スイッチ2は一人一人が違った距離をもっているので注意が必要です。どのような距離が考えられるか、6点ほど挙げてみます。

1　**兄弟や家族の構成**　わたしはおねえさん（光村二下）　だいじょうぶ　だいじょうぶ（東書五）　おとうとねずみ　チロ（東書一下）

2　**ペットの飼育**　ずうっと、ずっと、大すきだよ（光村一下）　ブラッキーの話（教出六下）　ろくべえまってろよ（学図一下）

3　**家族の仕事**　走れ（東書四上）　カレーライス（光村五）

4　**友達関係**　帰り道（光村六）　なまえつけてよ（光村五）　つり橋わたれ（学図三上）　いつか、大切なところ（教出五上）　くれよんがおれたとき（学図二下）　みちくさ（学図五上）

5　**経験の有無**　サーカスのライオン（東書三上）　こわれた千の楽器（東書四上）

6　**誕生や死**　わすれられないおくりもの（教出三上）

上記以外の距離も考えられますし、一つの物語が複数の距離をもっている場合もあります。一人一人がもつ日常生活の「当たり前」と教材との距離を事前に測ることで、埋めるべき距離に気付くことができます。

「おとうとねずみ　チロ」は、三人兄弟の話。チロは、おばあちゃんが自分にチョッキを編んでくれるか、末っ子ならではの不安を抱えています。

> 「そんなことないよ。ぼくのもあるよ。」
> 　チロは、あわてていいかえしましたが、ほんとうは、とてもしんぱいでした。
> 　もしかすると、おばあちゃんは、いちばん小さいチロのことをわすれてしまったかもしれません。

「いつか、大切なところ」では、多くの子にとって「当たり前」ではない転校をめぐって、中心人物の心情が揺れ動きます。

> 　引っこすことになったと初めて聞いた夜を、今でも覚えている。知らない所に住み、知らない学校に行くなんて、考えただけでもどきどきした。（中略）ショックでねむれず、常夜灯のたよりない光を見つめ続けた。

「海の命」では、「親の仕事を継ぐ」ことが子どもの「当たり前」か。それによって中心人物太一の心情への寄り添い方が変わってきそうです。

> 　父もその父も、その先ずっと顔も知らない父親たちが住んでいた海に、太一もまた住んでいた。（中略）
> 「ぼくは漁師になる。おとうといっしょに海に出るんだ。」
> 　子どものころから、太一はこう言ってはばからなかった。

一人一人の「当たり前」が解釈・想像に反映します。地域性なども関係するでしょう。必要ならば個々に調査をしておきたいスイッチです。

ユニット5：「距離」を見つめる
スイッチ3：気持ち・心情

 スイッチ2の日常生活との距離が、気持ち・心情の距離を生み
出すことがあります。

気持ち・心情を「置き換え」で補う

スイッチ2：日常生活との距離は、直接的に気持ち・心情の距離を生み出すことがあります。子どもは当然のことながら戦争経験がなく、その恐怖や苦しみは知りません。また、身近な人の死の悲しみを味わったことのない子どもも多いでしょう。「いつか，大切なところ」（教出五上）の主たる出来事である転校も想像がつかない子どもが大勢いるでしょう。

では、日常生活で経験のないことに対し、登場人物の気持ち・心情に寄り添うことはできないのでしょうか。そうであるなら、私たちはファンタジーやメルヘン、推理小説などを読んでも、登場人物の気持ち・心情は分からないはずです。その時に用いたいのが、「置き換え」です。

「ずうっと、ずっと、大すきだよ」（光村一下）のように身近な人の死の経験はなくても、大事にしていたものが壊れてしまったりなくなってしまったりした悲しさ、楽しかったことが終わりを迎えてしまった切なさは経験があるかもしれません。もちろん悲しさの度合いは大きく違うでしょうが、距離を埋めるための「置き換え」が必要な時が必ずやってきます。

まず、「スイミー」（光村二上）を使って「置き換え」をしてみましょう。

> あさのつめたい水の中を、ひるのかがやく光の中を、みんなはおよ
> ぎ、大きな魚をおい出した。

子どもには、スイミーのように大きな魚を追い出す経験はありません。しかし、何度もみんなで協力し、一つのことをやり遂げた経験への「置き換え」は可能でしょう。その時の気持ちを思い出すことから始めましょう。

「お手紙」（光村二下）のこんな経験は、「置き換え」ができますか。

> かえるくんは、大いそぎで家へ帰りました。えんぴつと紙を見つけました。紙に何か書きました。紙をふうとうに入れました。

友達に手紙を書いた経験はなくても、例えば誰かのために大急ぎで行動した経験に「置き換え」れば、かえるくんの気持ちに近づけそうです。

最後に「海の命」（光村六）の「置き換え」を考えてみます。

> 水の中で太一はふっとほほえみ、口から銀のあぶくを出した。もりの刃先を足の方にどけ、クエに向かってもう一度えがおを作った。
> 「おとう、ここにおられたのですか。また会いに来ますから。」
> こう思うことによって、太一は瀬の主を殺さないで済んだのだ。

太一のように笑みを浮かべた経験や、クエを打たなくて済んだ経験はなくても、衝動的に買いたくなったりやりたくなったりしたことをぐっと我慢した経験に「置き換え」ることはできるでしょう。失敗や不合格などマイナスな出来事があった時、今後の糧になると心境を新たにし、その出来事をプラスに転化することで乗り越えた経験はあるかもしれません。

スイッチ１の場所・時代、スイッチ２の日常生活。そこに生まれた距離を実際に埋めることはできません。ファンタジーやメルヘンなど異世界ならば尚更です。しかし、読者は「置き換え」を行うことで、気持ち・心情の距離を埋め、人物に寄り添うことができます。どの場面を取り上げ、どのような「置き換え」を子どもに提示するのか、ぜひ考えてみてください。

ユニット5:「距離」を見つめる
スイッチ4：テーマ・全体像

Point 子どもが導き出せるテーマや全体像には限界があります。教師が導き出したテーマや全体像との距離を見つめましょう。

その場の子どもに応じたテーマや全体像を導く

　物語文を読むと、無意識に道徳的な価値や教訓を導き出すことがあります。「お手紙」（光村二下）を読めば、誰しもが友達の大切さを再認識します。「一つの花」（光村四上）を読めば、家族愛や平和の尊さを感じるでしょう。この二例は、きっと教師も子どもも共通して導けるテーマでしょう。「たずねびと」（光村五）では、名前があることの意味、数として捉えることの危うさなどが全体像として浮かび上がってきますが、すべての子どもが思い描くのは難しそうですね。同様に「海の命」（光村六）を読み、村一番と一人前の違いや、動かず語らないことが、内面の静かなる成長を導くことを子どもは理解できるでしょうか。

　教師が、たどり着かせたいテーマや全体像を強く持っていると、子どもはそれを感じ取り、先生が望む「正解探し」、「主題探し」をしてしまうことがあります。教師が捉えたテーマや感じ取った全体像と目の前の子どもの実態の距離を見つめ、子どもに応じたテーマや全体像を導くことが大切です。

　数年後、または大人になってから、もう一度その物語を読むと新たなテーマや全体像を導き出せることがあります。子どもの「未来」を見据えながら、子どもの「今」をしっかりと見つめたいものです。

　では、2つの教材で、子どもとテーマ・全体像の距離を考えてみます。

　「きつねのおきゃくさま」（教出二上）では、次の2文が一つの場面です。

> そのばん。／きつねは、はずかしそうにわらってしんだ。

　この物語の山場です。なぜ、きつねは「はずかしそうにわらってしんだ」のか。生き物の宿命に従おうとしながらも、反する行為をしてしまう自分に対する苦笑いであり、それを知られる恥ずかしさであり…。きつねの複雑な胸の内が伝わってきますが、２年生の子どもは理解できるでしょうか。

　「のらねこ」（教出三上）では、次の発話と行動がテーマにつながります。

> 「ねえ。君、もしかして、かわいがられるって、どういうことか知らないんじゃない。」
> 「知ってるわけないだろ。どこでも売っていないし。」
> のらねこは、ぶすっとして言います。

　言葉は経験と結び付きます。言葉を知ることは、そのような見方が出来るようになることです。のらねこは、初めて「かわいがられる」という言葉とその言葉が意味するものにふれ、どのように受け止めればよいのか葛藤します。深いテーマをもつ物語ですが、子どもとは距離がありそうです。

　最後になりますが、「注文の多い料理店」（東書五）には、短編集出版に際して宮沢賢治氏が書いた広告文が残されています。

> 　糧に乏しい村のこどもらが都会文明と放恣な階級とに対する止むに止まれない反感です。

　作者が作品にこめたテーマが垣間見える一文ですが、これまた当時の社会状況を知らない子どもには実感が伴いにくいでしょう。作品がもつテーマ・全体像と、目の前の子どもとの距離を測る目が先生には必要です。

ユニット・スイッチを実践につなげる
―物語文編―

　第2章では、5つのユニット、35のスイッチを紹介してきました。まずは、ご自身がどれだけのスイッチをもって物語文を読んできたか、改めてふり返ってみてください。スイッチを増やすことは、物語文の様々な魅力を発見することに結び付き、作家の巧みな表現技法に気付くことができます。

　さて、先生が手にしているスイッチをどのように学習場面に取り入れ、子どもたちと共有するか。教材研究を実践につなげることが必要です。本書のユニット・スイッチは、学習指導要領の指導事項と密接に関係しています。まず、学習指導要領をもとに単元目標を設定します。次に単元目標にたどり着くためにはどのユニット・スイッチに着目すべきか考えます。この説明だけでは分かりにくいので、実践例を第4章で紹介しています。

　「スーホの白い馬」の実践例では、ユニット4「飾りを見つめる」のスイッチ1：けずる、スイッチ2：変える、を用いて、スーホと白馬の様子や行動を具体的に想像することができるようにしています。その活動を通して、心を動かされた「いいね！」の一文を選ぶ言語活動を設けています。

　「ごんぎつね」の実践例では、ユニット2「人物を見つめる」からスイッチ3：行動と表情、スイッチ4：気持ち・心情を取り上げています。色分けや曲線、挿絵などの手立てを講じることで、単元目標である「人物の行動の移り変わりと気持ちの変化を結びつける」ことが達成されています。

　「大造じいさんとガン」の実践例では、ユニット3「言葉を見つめる」の中から、くり返し、情景、文末、複合語・語調のスイッチを取り上げています。大造じいさんと残雪の魅力を話し合う中で、先のスイッチが効果的に働き、単元目標にある人物像や物語の全体像に迫っています。

　どの実践も、過去に学習したユニット・スイッチをもとに、単元目標にたどり着くために取り上げるユニット・スイッチを明確に示しています。

第3章

説明文の
ユニット・スイッチ

スイッチ1：筆者

その説明文の筆者は、誰ですか？　どのような仕事をしていますか？　説明文は、書き手の人生と熱意がこもった文章です。

筆者の名前が出る学習をめざす！

　低学年の説明文は、編集に携わる人が執筆することがあり、その場合、筆者の名前が記されないことがあります。しかし、多くの説明文、特に中学年以降は、ほぼすべての文章に筆者の名前が記されています。では、どのような人が文章を書いているのでしょうか。それはもちろん、その道のプロ。その仕事をしている人、専門家、研究者などです。

　そんな人たちが、自分の仕事や研究など情熱を傾けていること、大好きなことについて語るのですから思いがこもらないわけがありません。

　具体的には、どのような人が筆者になっているのでしょうか。教科書をよく見てみると、簡単な筆者紹介が載っていることがあります。

　例えば、「アップとルーズで伝える」（光村四上）の筆者、中谷日出氏は、「テレビ番組を制作している」と紹介されています。制作側の人ですから「アップとルーズ」で「伝える」という題名になっているのですね。同じく光村四上に掲載されている「思いやりのデザイン」の筆者の木村博之氏はグラフィックデザイナー、まさにその道の専門家です。

　「水ぞくかんのしいくいん」（学図二下）の筆者すずきりょうた氏は、横浜八景島シーパラダイスの飼育員さん。「どうぶつ園のじゅうい」（光村二上）の筆者うえだみや氏は横浜ズーラシア動物園の獣医さん。文章中の「具合の悪いシロイルカ　早く元気になってほしいです。」や「毎日、『おはよう。』と言いながら家の中に入り、こえもおぼえてもらうようにしています。」と

いう文から筆者2人の動物に対する愛情が伝わってきます。

　「『鳥獣戯画』を読む」（光村六）の筆者高畑勲氏はスタジオジブリのクリエーター。「十二世紀という大昔に、まるで漫画やアニメのような、こんなに楽しく、とびきりモダンな絵巻物が生み出されたとは、なんとすてきでおどろくべきことだろう。」「『鳥獣戯画』は、だから、国宝であるだけでなく、人類の宝なのだ。」などの表現から、高畑氏さんがいかに『鳥獣戯画』に惚れこんでいたかが分かります。

　もう一教材だけ。「固有種が教えてくれること」（光村五）の筆者である今泉忠明氏は、子どもたちに大人気の『ざんねんないきもの事典』の執筆者です。そのような事実を知ると、子どもはさらに興味をもって文章を読み進めるでしょう。また、今泉氏の本を手に取る子どもが増えるでしょう。文章と読んだ本を照らし合わせ、新たな視点から文章の内容を捉える可能性も生まれそうです。

　説明文は、筆者による説得行為だといわれます。読者が文章の内容に大いに納得し、その題材の魅力やすばらしさ、大切さや価値を実感したとすれば、それは「筆者による説得行為」に対する「読者による納得行為」が成立したということです。

　説明文では、物語文同様、いやそれ以上に書き手を意識すべきではないでしょうか。説明文は、筆者の一人称での語りともいえますから、メディア・リテラシー意識の育成のためにも情報の発信者としての筆者に注目する目を子どもに養いたいですね。そして、学習中に筆者の考えや主張に目を向け、「筆者の○○さんは…」という、筆者の名前が含まれた子どもの発言が聞かれることを願っています。

　紹介した筆者のほかにも関連図書を出している人がたくさんいます。筆者に対するスイッチが入ったら、学校の図書室や公立の図書館に関連図書があるかチェックしに行きましょう！

ユニット1：「設定」を見つめる
スイッチ2：題名・話題

 題名は、本や文章の顔です。私たち読者にどのような情報を与えてくれるのでしょう。注目する価値あり！

最初に目にする題名に立ち止まる

筆者は、説明文の題名をどのようにつけているのでしょう。分析すると物語文と同じように、いくつかのパターンがありそうです。次のように、4つのパターンに分けてみましょう。

A：中心となる題材	B：対比・類比
C：いざない・興味	D：筆者の主張・着眼点

A：中心となる題材

話題の中心となるものやことが、そのまま題名になっています。このパターンは、低学年に多いですね。例えば、以下のような文章です。

「いきもののあし」（学図一上）、「めだか」（教出三上）、「いろいろなふね」（東書一上）、「くちばし」（光村一上）、「おにごっこ」（光村二下）

B：対比・類比

対比や類比など比較することは、ものやことの特徴を鮮やかに浮かび上がらせる効果があります。例えば、給食の特徴はお弁当と比べるとよく分かります。日本のよさや問題点は、外国と比較すれば明確になるでしょう。教科書には次のような題名が見られます。何と何を比較しているか一目瞭然ですね。

「たこのすみ　いかのすみ」（学図二上）、「手で食べる、はしで食べる」（学図四上）、「くらしの中の和と洋」（東書四下）、「アップとルーズで伝える」（光村四上）、「時計の時間と心の時間」（光村六）

C：いざない・興味

　読者の興味をそそるように、問いかけや投げかけ、印象的な言葉が入っている題名を集めてみました。この方法は、どの学年でも用いられるようです。次のような題名があります。読んでみたくなりませんか。

　「アメンボは忍者か」（学図四上）、「だれが、たべたのでしょう」（教出一上）、「どうやってみをまもるのかな」（東書一上）、「イースター島にはなぜ森林がないのか」（東書六）、「うみのかくれんぼ」（光村一上）

D：筆者の主張・着眼点

　注目点はここだよ！　自分が伝えたいこと（主張）はね…と筆者が顔を出しているような題名です。高学年に多く見られます。

　「東京スカイツリーのひみつ」（学図五上）、「雪は新しいエネルギー」（教出六上）、「和の文化を受けつぐ」（東書五）、「町の幸福論」（東書六）、「世界にほこる和紙」（光村四下）、「固有種が教えてくれたこと」（光村五）

　上記の分け方に当てはまらない題名もあります。高学年ならば、これまで学習した説明文の題名を思い出し、自分たちで仲間分けを考えてもよいでしょう。自分が文章を書き、題名を付ける際、きっと役に立ちます。

ユニット1：「設定」を見つめる
スイッチ3：段落数

 段落は内容のまとまり。その数でどの程度のまとまりがあるか分かります。さて、学年によって増えていくのでしょうか。

段落の数や一つの段落の長さをチェック！

　「段落」を見つめるユニット３では、９つのスイッチで段落の内容や機能を検討しますが、ここでは設定を把握するために段落の数に着目します。段落が内容のまとまりを示しているとすると、単純に言えば、段落数が多いほど多くの内容を含んでいるということになります。これまで子どもたちが学んできた説明文はいくつの段落で構成されていましたか。そして、これから学習する文章の段落数はいくつでしょうか。

　段落数が20を超える文章を探すと、以下の文章が見つかりました。教材名と段落数、学年を見てみてください。

ビーバーの大工事（東書二下）	20
イースター島にはなぜ森林がないのか（東書六）	27
ウミガメの命をつなぐ（教出四下）	22
雪は新しいエネルギー（教出六上）	28
ぼくの世界、きみの世界（教出六下）	22
東京スカイツリーのひみつ（学図五上）	25
わたしたちとメディア（学図五上）	25
「一本」から見える数え方の世界（学図五下）	22

　やはり高学年に段落数の多い文章が掲載されていることが分かります。こ

うした文章の特徴として、一文のみの段落が作られていることが挙げられます。その他の文章でも一文のみの段落を置くことで、歯切れがよく、読者の目を引く効果が生まれています。数例紹介しましょう。

・日本列島は、きょうも快晴。（24段落）「東京スカイツリーのひみつ」

・そうではない、とぼくは思う。（14段落）「ぼくの世界、きみの世界」

・ガリガリ、ガリガリ。（3段落）「ビーバーの大工事」

・これで、ようやく長い一日がおわります。（最終段落）「どうぶつ園のじゅうい」（光村二上）

逆に、分量のわりに段落数が少ない文章に目を向けてみました。

・おにごっこ（光村二下）	6
・すがたをかえる大豆（光村三下）	8
・アップとルーズで伝える（光村四上）	8
・時計の時間と心の時間（光村六）	8
・「鳥獣戯画」を読む（光村六）	9

上記のような文章は、一つの段落に含まれる内容（情報量）が多くなります。例えば、「アップとルーズで伝える」の第3段落。この段落は3文で構成されていますが、最初の文は1・2段落を受けた説明。2文目は結論につながる筆者の主張。3文目は4段落以降を導く問い、とそれぞれの文の役割が違います。この段落に小見出しを付けるのは難しそうです。

「あなのやくわり」（東書二下）も6つの段落しかない文章です。これは事例ごとに段落を作り、内容のまとまりを重視しているからです。「すがたをかえる大豆」と同じような構成といえます。まずは、段落を数えてみましょう。段落の数からも、文章の構成や特徴が見えてきますよ。

スイッチ4：文種

Point 事実や事柄を正確に伝えるための文章か。根拠に基づいて意見
や主張を述べ、読者に訴えかけるための文章か。

「説明文」は総称、内容や目的によって文種は変わる！

　この本でも便宜的に「説明文」と呼んでいますが、ご存じのとおり学習指導要領には「説明的文章」と記されています。この「的」が曲者です。ちなみに「物語文」は「文学的文章」に含まれていますね。詩や短歌、俳句など作者の創作物をまとめて「文学的文章」となります。

　では、説明「的」文章とは何なのでしょう。例えば、説明的文章は、記録文や報告文、意見文、論説文などに分けることができます。その線引きは難しいのですが、一つの尺度として「説得の強度」を置いてみましょう。アサガオの成長を追った記録文、おもちゃの作り方を教える説明書、ゴミ工場見学の報告文。これらの文章は事実や事柄を正確に伝えることに重きが置かれる「説得の強度」が低い文章です。それに対し、水の無駄遣いを減らすことを訴える意見文、環境問題に対する論説文ではどうでしょう。筆者は読者に、その重要性や必要性を訴えかける「説得の強度」の高い文章です。まとめると、おおよそ以下のよう分類できそうです。

事実や事柄を正確に伝える：観察・記録文　報告文　解説文　説明書

根拠に基づき意見や主張を伝える：意見文　論説文　評論文　随筆文

　事実や事柄を正確に伝えることを主とした文章を列挙してみましょう。

【観察・記録文】

「たんぽぽのちえ」（光村二上）、「たんぽぽ」（東書二上）、「さけが大きくなるまで」（教出二下）、「ほたるの一生」（学図二上）、「ありの行列」（光村三下）、「花を見つける手がかり」（教出四上）、など

【解説文】

「うみのかくれんぼ」（光村一上）、「いろいろなふね」（東書一下）、「みぶりでつたえる」（教出一下）、「いきもののあし」（学図一上）、「おにごっこ」（光村二下）、「あなのやくわり」（東書二下）、「すがたをかえる大豆」（光村三下）、「パラリンピックが目指すもの」（東書下）、「くらしと絵文字」（教出三下）、「ミラクルミルク」（学図三上）、など

【説明書】

「馬のおもちゃの作り方」（光村二下）、「サツマイモのそだて方」（東書二上）、「『しかけ絵本』を作ろう」（教出二下）、など

根拠に基づき意見や主張を伝えることを主とした文章を並べます。

【論説文】

「世界にほこる和紙」（光村四下）、「アップとルーズで伝える」（光村四上）、「くらしの中の和と洋」（東書四下）、「『便利』ということ」（教出四下）、「ムササビがくらす森」（学図四下）、「言葉の意味が分かること」（光村五）、「固有種が教えてくれること」（光村五）、「『弱いロボット』だからできること」（東書五）、「言葉と事実」（教出五上）、「町の幸福論」（東書六）、「AIで言葉と向き合う」（学図六上）、など

文種の線引きは難しいのですが、森壽彦教諭（神奈川県・川崎市立東小倉小）の力を借り、上記のように分けてみました。学年が上がるにつれ、事実や事柄を正確に伝える文章から根拠に基づき意見や主張を伝える文章に移行するのが分かります。事実を正確に伝える目的で書かれた文章か。筆者の「説得の強度」は低めか高めか。文種を見分けるスイッチを入れましょう。

ユニット1:「設定」を見つめる
スイッチ5:資料

Point 文章の内容や筆者の考えを分かりやすく伝えるために用いられる資料。子どもがどこに着目するか想像しましょう。

子どもは資料のどこを見るのかな？！

　日常生活において、図や表、グラフ、絵や写真を目にしない日はないでしょう。教科書の説明文にも必ず絵や写真などが載っています。言葉の学習をするための文章なのに…考えてみれば不思議ですね。

　さて、子どもはそれらの資料のどこに着目し、どんな情報を得ているのでしょう。ユニット2において、資料と文の関係を見つめることにしますが、ここでは、設定として、どのような図、表、グラフ、絵、写真が載っているか。それらの資料から子どもはどんな情報を得るのかに目を向けましょう。例として、「ビーバーの大工事」（東書二下）を取り上げます。

　　ビーバーは、切りたおした木を、さらにみじかくかみ切り、ずるずると川の方に引きずっていきます。そして、木をしっかりとくわえたまま、上手におよいでいきます。（8段落）
　　ビーバーは、ゆびとゆびの間にじょうぶな水かきがある後ろあしで、ぐいぐいと体をおしすすめます。おは、オールのような形をしていて、上手にかじをとります。（9段落）
　　ビーバーは、木をくわえたまま、水の中へもぐっていきます。そうして、<u>木のとがった方を川のそこにさしこんで、ながれないようにします。その上に小えだをつみ上げていき、上から石でおもしをして、どろでしっかりかためていきます。</u>（10段落）

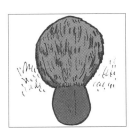

　教科書には8〜10段落の文章とともに、上のイラストのような写真が5枚載っています。1ページ以上使ってかなりていねいに説明しようとしています。子どもは文章と写真を行ったり来たりしながらビーバーの様子を理解するでしょう。しかし、下線の叙述に該当する写真がありません。言葉から子どもはどんな想像をするのか、考える必要があります。

　「馬のおもちゃの作り方」（光村二下）、「サツマイモの育て方」（東書二上）、「「しかけ絵本」を作ろう」（教出二下）、「とべとべまわれ」（学図二下）は、作り方の順序（手順）を学ぶ文章です。「馬のおもちゃの作り方」は、次のように文章と写真の対応が図られています。

> 　　一つのあしのぶひんから、十二センチメートルの細長い四角形を二つ切り出します。四つできたら、それぞれかたほうのはしを二センチメートルおりまげます。その後、<u>しゃしんのように、</u>おりまげたところをおなかにとめます。

　馬のおもちゃの脚の部分を作る段落の説明ですが、文章にはホチキスを止める場所が書かれていません。さらに写真はこれまでと向きが反対。授業を参観すると「うまく立たない！」と四苦八苦する子どもを見かけます。子どもは資料のどこを見て、どんな情報を得るのか、教材研究の時点で考えましょう。意外と落とし穴が多いかも？！

ユニット2:「一文」を見つめる
スイッチ1:主語と述語・係り受け

Point 一文を正しく理解することは内容理解の基本です。主語は単数か複数か。どの言葉がどの言葉に係っているか。確認しましょう。

主語と係り受けにアンテナを張る。ここから始めよう!

> ①太郎は、電車に乗った。すいていたので、太郎は座席に座った。その後、太郎はかばんから本を出した。そして太郎は、ゆっくりと読み始めた。
>
> ②太郎は、電車に乗った。すいていたので、座席に座った。その後、かばんから本を出し、ゆっくりと読み始めた。

①よりも②の方が読みやすかったでしょう。日本語は、文の主語などを省略する傾向が強いという特徴をもっています。しかし、文の隠された言葉に気を付け、時に補わないと間違った解釈をしてしまうことがあります。例えば、「アップとルーズで伝える」(光村四上)には、下の文があります。

> ③何かを伝えるときには、このアップとルーズを選んだり、組み合わせたりすることが大切です。(3段落)
>
> ④アップでとると、細かい部分の様子がよく分かります。(4段落)
>
> ⑤ルーズでとると、広いはんいの様子がよく分かります。(5段落)

③の文では、誰にとって組み合わせたりすることが大切なのでしょうか。「伝え手」にとってです。それに対して、④と⑤の文は、誰にとってよく分

かるのでしょうか。「受け手」です。この文章は、段落によって、伝え手の立場で書かれたり、受け手の立場で書かれたりしています。しっかりとアンテナを張っていないと、筆者が誰にとっての考えを述べているのか、あいまいな判断を下してしまう恐れがあります。

　主語が明確に示されていても、その位置によって印象が変わる場合があるので、注意を払ってみましょう。「世界にほこる和紙」（光村四下）から三つの文を取り出します。

> ⑥わたしは、和紙のことをほこりに思っています。（2段落）
> ⑦わたしは、自分のことをしょうかいするめいしを和紙で作っています。（8段落）
> ⑧このように、和紙のもつよさと、使う紙を選ぶわたしたちの気持ちによって、長い間、和紙は作られ、さまざまなところで使われ続けてきたのだと、わたしは考えています。（10段落）

　⑥⑦に比べ⑧の文は、「わたしは」という主語が出される位置が遅いですね。それによって、どのように印象が変わるか、子どもに聞いてみるとよいでしょう。「考えて」いることが強調されているように感じませんか。

　文の主語について、もう一つ気を付けたいのが単数と複数です。「固有種が教えてくれたこと」（光村五）を例に考えてみましょう。

> ⑨わたしは、この固有種たちがすむ日本の環境を、できるだけ残していきたいと考えています。（2段落）
> ⑩ですから、わたしたちは、固有種がすむ日本の環境をできる限り残していかなければなりません。それが、日本にくらすわたしたちの責任なのではないでしょうか。（11段落）

⑨と⑩、どちらの文も固有種が住む日本の環境をできるだけ残そうという考えを述べています。しかし、主語が異なることに気づきます。説明文では、読者に当事者意識をもってもらうために、「あなた」や「わたしたち」など、読者を巻き込むような言葉が使われることが多々あります。この文章でも筆者は最初、自らの考えとして固有種が住む日本の環境を残すことを主張しますが、最終11段落では「わたしたち」という言葉を複数回用い、読者に訴えかけようとしています。この手法は高学年だけでなく中学校の説明文でもしばしば見られます。まずは先生が着目できるようになり、それを子どもに伝えてあげましょう。「たち」を添えるだけで、知らず知らずのうちに「わたしたち」は説明文の当事者にいざなわれているのです。

一文を見つめる際、主語とともに注意を払いたいのが係り受けです。どの言葉がどの言葉を修飾しているのか。日本語はこの係り受けの表し方が多様で、場合によっては違った意味に捉えられてしまうことがあります。

⑪長い髪のきれいな女の子が歩いている。
⑫きらびやかな横浜の高層ホテルで待ち合わせる。
⑬先進的な幼児からお年寄りまで負担の少ない治療を受ける。

上記の文があったとします。⑪では、「長い髪の」はどの言葉に係るのでしょうか。髪がきれいなのか、顔立ちがきれいなのか。

⑫でも「きらびやかな」が係るのは、「横浜」か「高層ホテル」か、判然としません。同様に⑬では、「先進的な」は「治療」に係ると思われます。先進的な幼児に会ってみたい気もしますが、「治療」に係るとすると係り受けが遠いですね。「幼児からお年寄りまで負担の少ない先進的な治療を受ける。」なら明確になります。この係り受けの遠さは、話し言葉でも起こりますし、子どもだけでなく、大人の文章や会話でも頻発します。私も他人事ではありません。もう一度、ここまでの原稿を読み直してみないと！

「AIで言葉と向き合う」（教出六上）から二つの文を取り上げましょう。

> ⑭これらの例から考察すると、私たちは、オノマトペを使うとき、音
> と意味との間になんらかの関係が生じていることを見いだすことが
> できます。
> ⑮このように、人は、声に出すことで聞こえる音と意味との関係を細
> かに感じながら、音、見た目、手ざわり、においや味などの感覚を、
> オノマトペを使って推測したり、表現したりしているのです。

　⑭の「私たちは」、⑮の「人は」は、それぞれの文の主語です。どの言葉に係るのでしょうか。特に⑮のように一文が長くなると、主語と述語の関係、係り受けがあいまいになりやすいので要注意です。ちなみに、⑮の文は、89文字。一文は40 – 50字がよい、60字程度が適切、長くても80字など様々な考えが聞かれますが、80字を超えると読みづらくなるのは誰しもが感じることでしょう。今、Wordを立ち上げてみました。初期設定は、一行40字です。2行以上句点がないと、さすがに二文に分けてほしいですね。

　「主語と述語・係り受け」に目を向けるこのスイッチは、学習指導要領の〔知識及び技能〕と大きな関係があります。〔知識及び技能 – 文と文章〕には、「カ　文の中における主語と述語との関係に気付くこと。」（低学年）、「カ　主語と述語との関係、修飾と被修飾との関係、指示する語句と接続する語句の役割、段落の役割について理解すること。」（中学年）、「カ　文の中での語句の係り方や語順、文と文との接続の関係、話や文章の構成や展開、話や文章の種類とその特徴について理解すること。」（高学年）と書かれており、全学年を通して意識したいスイッチだと分かります。

　一文は「話すこと」や「書くこと」といった表現の基本です。一文を正確に書けない子が多くいませんか。正確に一文を綴るために、まずは「読むこと」で一文を見つめる目を養いましょう。まずは先生から。そして子どもたちへ。

ユニット2：「一文」を見つめる
スイッチ2：問いかけと投げかけ

 問いかけや投げかけは読者を文章に引き込み、答えを探そうと
先を読みたくさせる重要な表現です。

「大きな問い」と「小さな問い」に気を付ける

　問いかけや投げかけ。文章のどのあたりに登場することが多いですか。当たり前ですね、最初の方です。では、なぜ最初の方に問いかけや投げかけは多いのでしょうか。そうです、読者を引き込むためです。私たちは、問いかけられると自らの知識や経験に照らし合わせ、答えを予想します。「知っていますか？」と聞かれれば、「知っている」「知らない」という判断を下し、「なぜ？」と問われれば、「きっとこういうわけかな」など理由を探そうとします。例えば、「自家用車の所有率が最も高いのは、47都道府県の中でどこでしょう。」と問いかけられたら、面積の広い〇〇県かな。〇〇県は有名な自動車会社があるから多そうだな、などと予想を立てるでしょう。また、「なぜ、イースター島には森林がないのか一緒に考えてみましょう。」と投げかけられたら、筆者とともにその理由を解き明かしたくなり、文章を読み進める心構えができます。こうやって考えてみると、問いかけや投げかけには、答えや事実を突き止める旅に読者をいざなう、大きな効果があるといってよいでしょう。

　では、具体的に問いかけや投げかけを見ていきましょう。「はたらくじどう車」（教出一下）には、次のような投げかけがあります。

> 　じどう車には、いろいろなものがあります。どのじどう車も、やくわりにあわせたつくりになっています。／いろいろなじどう車のやくわりとつくりを見ていきましょう。（1・2段落）

「ミラクルミルク」（学図三上）では、文章の序盤に二つの問いかけが読者に示されます。

> みなさんは、これらの動物のミルクがさまざまな物に変身することを知っていますか。ミルクはどんなミラクル（ふしぎなこと）をおこしているのでしょうか。（4段落）

ユニット
2

一文

このような問いかけや投げかけは、文章を読み進めなければ解決しません。文章全体を包み込むような大きな問いかけや投げかけといえます。

さて、高学年になるにつれ、文章が長くなります。そうすると、大きな問いだけでは文章全体を包み込むことが難しくなります。読み進めるうちに最初の問いかけや投げかけを忘れてしまうこともあるでしょう。そこで、小さな問いを重ね、読者を飽きさせない構成をとることが増えてきます。

「言葉の意味が分かること」（光村五）では、次のように小さな問いが重ねられます。どの問いもその段落の冒頭の一文で、それまでの段落との区切りを明確に付ける役割も担っています。

> ・知りたい言葉に出会ったとき、あなたはどうしますか。（1段落）
> ・それでは、言葉の意味に広がりがあるとは、どういうことなのでしょうか。（2段落）
> ・あなたが、小さな子どもに「コップ」の意味を教えるとしたらどうしますか。（3段落）

この文章は、最終12段落にも次のような問いかけが見られます。問いかけや投げかけを合計すると10回に及びます。かなり多いですね。

> あなたは、これまでに、「かむ」と「ふむ」が似た意味の言葉だと

思ったことはありましたか。どうしてスープは「食べる」ではなく、「飲む」というのか、考えたことがありましたか。

「まんがの方法」（教出五下）では、投げかけが多用されています。「ひみつ」と言われると、心がくすぐられ、より知りたくなります。

- では、まんがは、そのおもしろさをどのような方法で表しているのでしょうか。そのひみつをさぐってみましょう。（2段落）
- 次は、人物のえがき方について考えてみましょう。（9段落）
- みなさんも、自分の好きなまんがから、いろいろな「まんがの方法」を見つけてみましょう。（16段落）

「大切な人と深くつながるために」（光村六）では、問いかけに「あなた」という言葉を用い、より読者の関心を題材に向けようとしています。たった3ページの小論ですが、12回も「あなた」が登場します。

- さて、あなたは、コミュニケーションが得意ですか。それとも苦手ですか。（2段落）
- あなたはどうですか。人と会話する時間は増えていますか。減っていますか。（7段落）

上記のような小さな問いかけや投げかけのくり返しは、実験・観察文で多く見られます。実験や観察によって一つの問いが解決されると同時に新たな問いが生まれ、それがくり返されるからです。典型例は、「花を見つける手がかり」（教出四上）です。

- いったい、もんしろちょうは、何を手がかりにして、花を見つける

のでしょう。花の色でしょうか。形でしょうか。それとも、におい
でしょうか。（2段落）
・もんしろちょうは、色紙を花だと思ってくれるでしょうか。（11段落）

　こんな問いの使い方もあります。その場で解決される問いを出し、その後の展開に読者を導く方法です。よく分からない？　では、「言葉と事実」（教出五上）から具体例を紹介しましょう。

　では、言葉は、事実と結びついていれば、どんな言葉を使っても同じように受け取られるでしょうか。どうも、そうではなさそうです。（3段落）

　筆者はわざと問いの形式で読者に尋ね、考える余地を与え、すぐ見解を述べることでインパクトを残そうとしています。読み手に対して、見せかけだけ疑問を投げかけ、読者に判断させる手法を「説疑法」といいます。先に取り上げた「大切な人と深くつながるために」にも問いと答えの文が連続している箇所があります。

　スポーツの場合、テクニックをみがく方法を知っていますか。そう、何回も何回も練習しますね。（5段落）

　様々なパターンの問いかけや投げかけを見てきました。この内容を大学生に話したら、「問いには筆者の主張が見え隠れする場合があるのですね。」という言葉が返ってきました。その通りです。筆者は問いかけや投げかけを駆使し、読者を文章から離れないように努力をしています。時には、問いに自らの考えを忍ばせています。大きな問いと小さな問いからその一文の価値を見つめましょう。

ユニット2:「一文」を見つめる
スイッチ3：文末

Point 「のである。」とはっきりと言い切るのか、「かもしれない。」と
ぼやかすのか。文末表現から筆者の心もちが透けてみえます。

事実と考え、考えの強さ、臨場感。文末は多くを語っている

　ユニット1「設定」を見つめるのスイッチ4：文種にて、筆者の 説得の
強度 という話をしました。筆者も一人の人間です。いくら自らの専門分野
について自信をもって語っていたとしても、すべてを断定できるわけではな
く、まだ完全には解明されていないことや、読者が例外を見つける可能性が
高い場合などは、考えをぼやかすことが必要となります。それは、読者から
の否定や批判を事前に回避するための大切な行為といえるでしょう。

　聞き手が目の前にいる話し言葉の場合には、聞き手の反応を見ながら、説
得の強度を変えることができます。例えば、「小学校にも教科担任制を積極
的に導入すべきです。」と断言をしたら、予想よりも共感的な反応が返って
こなかったとします。その場合、納得してもらえるように理由を付け加えた
り、「導入すべきだと思います。」、「導入する価値が高いと考えられます。」
などと表現を変化させたりすることが可能です。しかし、書き言葉には、そ
の柔軟性がありません。臨機応変ができません。また、いつ、だれに読まれ
るか分からない。数年後に専門家が読むかもしれない。執筆時に、どの程度
の強度で表現するか、筆者は決断を下さなければなりません。

　「だ、である、です」という言い切りをより強めたのが、「のだ、のである、
のです、なのだ、なのです」など。これらの文末は、読者に対して強く訴え
かけ、説得しようとする書き手の意図が感じられます。強い文末といえます。
逆に、「かもしれない」「だろう」「という可能性もある」「と思われる」「と

考えられる」など推量を含んだ表現が多用されることもあります。強い文末（断定の文末）とは反対の、弱い文末（ぼやかしの文末）と名付けましょう。

　では、具体的に文末を見ていきます。①「子どもをまもるどうぶつたち」（東書一下）や、②「ヤドカリとイソギンチャク」（東書四上）の最終段落では、強い文末が使われています。

> ①そして、子そんをのこし、いのちをつないでいるのです。（10段落）
> ②ヤドカリとイソギンチャクは、たがいに助け合って生きているのです。（12段落）

「言葉の意味が分かること」（光村五）は、「のです」が多用されます。

> ・このように、一つの言葉をどのはんいまで広げて使うかは、言語によってことなるのです。（10段落）
> ・つまり、母語でも外国語でも、言葉を学んでいくときには、言葉の意味を「面」として理解することが大切になるのです。（11段落）
> ・そんなとき、「言葉の意味は面である」ということについて、考えてみてほしいのです。（12段落）

　断定の文末が使われている場合、基本的にその文は、筆者が事実と判断したことや、筆者の考え、確固たる主張を表しています。

　弱い文末の例を挙げましょう。「『一本』から見える数え方の世界」（学図五下）には、次のような文末が見られます。

> ・それ以上長くなると「一本」と数え、短くなると「一個」というような見方で、わたしたちはものを数えているようです。（5段落）
> ・そう考えると、長さや形以外にも数え方が変わるような特ちょうが

ありそうです。（6段落）
・これで、わたしたちがふだん何気なく使っている「本」という数え
　方が、どんなものやことを数えるのに使われ、そしてどんなイメー
　ジをもって使われているのかが確認できたと思います。（14段落）

　「世界にほこる和紙」（光村四下）は、和紙の魅力を読者に伝える文章です。
「のです」という強い文末が多いですが、他の理由があるかもしれない文に
対しては、「考えています。」という弱い文末が使われています。

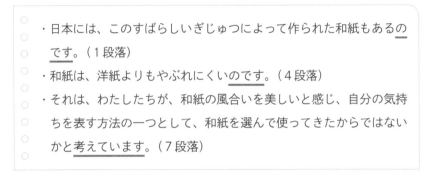

・日本には、このすばらしいぎじゅつによって作られた和紙もあるの
　です。（1段落）
・和紙は、洋紙よりもやぶれにくいのです。（4段落）
・それは、わたしたちが、和紙の風合いを美しいと感じ、自分の気持
　ちを表す方法の一つとして、和紙を選んで使ってきたからではない
　かと考えています。（7段落）

　次に紹介するのは、読者に話しかけるような文末です。「空飛ぶふろしき
ムササビ」（学図四下）の文を見てみましょう。「ね」の一字があるだけで、
読者と筆者の距離がぐっと縮まりますね。

　　まず、図①のように、せん風機を回して、みぎ手でうちわを持って、
　風を受けてみましょう。うちわが風を受けて、右手全体で風の力を感
　じますね。

　文末を現在形にするか過去形にするか。その使い分けにも注目してみまし
ょう。「どうぶつ園のじゅうい」（光村二上）では、毎日する仕事には現在形、
臨時で行う仕事には過去形を使うことで、仕事を区別しています。

・朝、わたしのしごとは、どうぶつ園の中を見回ることからはじまります。（2段落）
・見回リがおわるころ、しいくいんさんによばれました。（3段落）
・夕方、しいくいんさんから電話がかかってきました。（6段落）
・一日のしごとのおわりには、きょうあったできごとや、どうぶつを見て気がついたことを、日記に書きます。（7段落）

　観察した事実は過去形、説明を加えたり書き手のものの見方を表したりする場合には現在形で示しているのは、「ありの行列」（光村三下）です。

　　はじめに、ありの巣から少しはなれた所に、ひとつまみのさとうをおきました。しばらくすると一ぴきのありが、そのさとうを見つけました。これは、えきをさがすために、外に出ていたはたらきありです。ありは、やがて、巣に帰っていきました。すると、巣の中から、たくさんのはたらきありが、次々と出てきました。そして、列を作って、さとうの所まで行きました。ふしぎなことに、その行列は、はじめのありが巣に帰るときに通った道すじから、外れていないのです。（2段落）

　最後に、臨場感を生み出す現在形の文末を見てみます。「アップとルーズで伝える」（光村四上）の冒頭です。実況中継のような書きぶりです。これは、物語文でも多く使われる手法です。文末って、奥が深いですね。

　　テレビでサッカーの試合を放送しています。今はハーフタイム。もうすぐ後半が始まろうとするところで、画面には会場全体がうつし出されています。両チームの選手たちは、コート全体に広がって、体を動かしています。

ユニット2:「一文」を見つめる
スイッチ4:物語的表現

 読者が小学生であることを意識し、分かりやすく伝えるために
物語文で用いられるような表現が使われています。

ドラマチックに描く、筆者の表現の工夫

　説明文は、筆者の血の通った文章だと述べてきました。筆者は、読者が小学生であることを知っています。難しい内容をできる限り分かりやすく、そして読者が途中で読むのをやめてしまったり飽きてしまったりしないように心を尽くします。その工夫の一つが、このスイッチで取り上げる「物語的表現」です。淡々と描かれがちな説明文に彩を与えるイメージです。

　例えば、「さけが大きくなるまで」（教出二下）では、次のような文が見られます。

> ・水にながされながら、いく日もいく日もかかって、川を下っていきます。（5段落）
> ・海には、たくさんの食べものがあります。それを食べて、ぐんぐん大きくなります。（8段落）

　「いく日もいく日も」と書かれることで、さけが苦労して川を下っていく様子が読者の頭に浮かんできます。「ぐんぐん」という言葉があることで、さけが逞しく成長する姿が目に浮かびます。

　「たんぽぽのちえ」（光村二上）では、以下のような表現を用い、たんぽぽを擬人化しています。

- ・そうして、たんぽぽの花のじくは、ぐったりとじめんにたおれてしまいます。（2段落）
- ・花とじくをしずかに休ませて、たねに、たくさんのえいようをおくっているのです。（3段落）

「ビーバーの大工事」（東書二下）では、スイッチ3で取り上げた「文末」を現在形にすることによって、筆者とともにビーバーを観察しているように感じる手法が用いられています。臨場感を生み出す現在形ですね。

ビーバーが、木のみきをかじっています。（2段落）

ガリガリ、ガリガリ。（3段落）

すごいはやさです。（4段落）

「どうぶつ園のじゅうい」（光村二上）では、「させる」ではなく、「もらう」「くれる」「してしまう」という表現が何度も用いられます。動物を人間と対等な存在であり、大切に思っている筆者の心が伝わっています。

- ・わたしの顔をおぼえてもらって（2段落）
- ・くすりのところだけをよけて、たべてしまいました（4段落）
- ・いっしょにのみこんでくれました（4段落）

　生き物を題材にしたり、観察・実験を主にしたりする説明文では、特に物語的表現が使われるようです。読者を引き込む物語的表現、筆者の心根が感じられる物語的表現。探してみると、実はたくさんあります。それに気付くと、さらに説明文を身近に感じることができそうです。

ユニット2：「一文」を見つめる
スイッチ5：文と文の関係

 あまり注目されることのない、文と文のつながり方。一つの段落を組み立てる文と文の関係を明らかにしましょう。

文と文がつながり、段落が生まれる

　次のユニット3では、「段落」を見つめますが、実は意外と学習場面で取り上げられていないのが、文と文の関係です。低学年の短い説明文や問いの文などでは、一つの段落が一つの文で出来ていることがありますが、多くの場合、一つの段落には、複数の文が入っています。文と文が、どのようなつなぎ言葉で結ばれているのか。また、指示語はあるか。考えと理由などの関係はあるのか。文と文の関係を見つめることは、段落の要点を捉えることに役立ちます。

　「ウナギのなぞを追って」（光村四下）の3段落には、多くの指示語が使われています。その指示語が何を指しているのか確かめることが必要です。

> 　ここがその場所だと分かったのは、つい最近のことです。それまでウナギの生態は深いなぞに包まれていたのです。その研究の第一歩として、たまごを産む場所を見つける調査が始まったのは、一九三〇年ごろのことでした。それからこの場所がつき止められるまでに、実に八十年近くの年月がかかったのです。

　「たんぽぽ」（東書二上）には「たんぽぽはじょうぶ」と先に結論を述べ、そう判断した理由を次の文で示すというつなぎ方が見られます。また、根の長さを強調するために短い文を連ねる方法も取られています。

134

> ・たんぽぽはじょうぶな草です。はがふまれたり、つみとられたりし
> ても、また生えてきます。（1段落）
> ・たんぽぽのねをほってみました。ながいねです。（2段落）

「イースター島になぜ森林はないのか」（東書六）には、「実はそのとき」から「それは」と、読者の興味をそそる文と文のつながりが見られます。

> 　ポリネシア人たちは、イースター島にたどり着いた初めてのほ乳動物だったといってもよいのだが、実はそのとき、もう一種類、別のほ乳類が、ひそかに上陸していたのである。それは、ポリネシア人たちが、長い船旅の間の食りょうとするために船に乗せていた、ラットである。（6段落）

「すがたをかえる大豆」（光村三下）の3〜7段落は、最初の一文で大豆を食べるための具体的なくふうを述べ、二文目以降、そのくふうを用いた食品の紹介となっています。言うなれば、段落の冒頭で最も大切な内容を述べる、「段落内頭括型」とでもいうべき構成となっています。3段落を例として挙げましょう。

> 　次に、こなにひいて食べるくふうがあります。もちやだんごにかけるきなこは、大豆をいって、こなにひいたものです。

　文と文の関係は、中学年〔知識及び技能－文や文章〕の「カ　主語と述語との関係、修飾と被修飾との関係、指示する語句と接続する語句の役割、段落の役割について理解すること。」に関連があります。どのようなつながり方をしているのかに目を向けることは、要点を捉えることに結び付きます。

ユニット2:「一文」を見つめる
スイッチ6：資料と文の関係

資料は、本文とどのようにつながっているのか。何のために載せられているのか。その役割や効果を考えましょう。

資料があると「わかりやすい」で終わらせない！

　ユニット1「設定」を見つめるのスイッチ5：資料では、設定として、どのような図、表、グラフ、絵、写真が載っているか。それらの資料から、子どもはどんな情報を得るのかに目を向けました。一般に、文章を「連続型テキスト」と呼ぶのに対し、図、表、グラフ、絵や写真などを「非連続型テキスト」と呼びます。このスイッチ6では、非連続型テキストは、何のために載せられているのかに目を向けます。子どもに聞くと「分かりやすいから」という一言が返ってくることが多くあります。しかしグラフの「わかりやすさ」と写真の「わかりやすさ」は同じでしょうか。その役割や効果を考えてみましょう。

　そもそも、いつ頃から非連続型テキストは注目されるようになったのでしょうか。平成20年告示の学習指導要領では、「書くこと」の指導事項に「図表やグラフ」という文言がありましたが、「読むこと」では、図表やグラフと文を関連させて読むことは示されていませんでした。しかし、平成29年告示の学習指導要領では、「読むこと」の指導事項に「ウ　目的に応じて、文章と図表を結びつけるなどして必要な情報を見つけたり、論の進め方について考えたりすること。」（高学年）が明記されました。日常生活でも使用頻度が高まっている非連続型テキスト、その役割や効果はいかに！？

　数年前、「天気を予想する」という文章を教材にし、掲載されている非連続型テキストの役割や効果を子どもと考え、「○○パワー」という言葉でまとめたときの掲示物を紹介します。この教材は、現在（光村五）の付録に掲

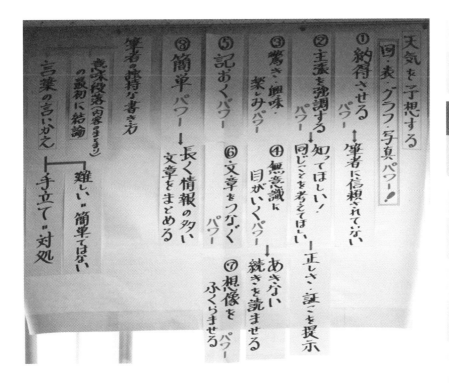

天気を予想する

図・表・グラフ・写真パワー！

① 納得させる
パワー
→筆者に信頼されて・ない

② 主張を強調する
パワー
知ってほしい！
同じことを考えてほしい
→正しさ・証こを提示

③ 驚き・興味・
楽しみパワー

④ 無意識に
目がいくパワー
→あきない
続きを読ませる

⑤ 記おくパワー

⑥ 文章をつなぐ
パワー

⑦ 想像を
ふくらませる
パワー

⑧ 簡単パワー→
長く情報の多い
文章をまとめる

筆者の気持な書き方

意味段落（内容のまとまり）
の最初に結論

言葉の言いかえ

難しい"簡単ではない

手立て"対処

載されていますが、非連続型テキストの量は減っています。

　当時は、掲示物にあるように①〜⑧のパワーとして子どもと共通理解していましたが、本年度、「固有種が教えてくれること」（光村五）を教材とした授業を実践する機会に恵まれました。そこで、非連続型テキストの役割や効果を見つめ直し、新たに10個のパワーとして子どもに提示することにしました。ネーミングについては、子どもがイメージしやすいようにくだけた表現を使っていますが、どんなパワーか分かりますか？

①リアルパワー　②パッと見パワー　③興味ひくひくパワー　④記おくパワー　⑤納得度アップパワー　⑥文章減らしパワー　⑦想像力パワー　⑧違いはっきリパワー　⑨関わり見つけパワー　⑩変化ばっちリパワー

「固有種が教えてくれたこと」には、多くの非連続型テキストが載っていますが、ここでは、次のA〜Cを取り上げます。

A日本とイギリスの陸生ほ乳類（資料1）
B絶滅したとされる動物（資料5）
C天然林等面積の推移と全国のニホンカモシカほかく数（資料6・7）

まず、一つ一つの資料が、文章中のどの文と結び付いているのかを確認することが大切です。A日本とイギリスの陸生ほ乳類（資料1）で考えてみます。Aの資料は、以下の文と対応しています。

	国土面積	陸生ほ乳類の種の数（うち固有種）	1万km²あたりの種の数（うち固有種）
日本	約37.8万km²	107種（48種）	2.83種（1.27種）
イギリス	約24.3万km²	42種（0種）	1.73種（0種）

（国立科学博物館資料より）

　　日本には、アマミノクロウサギをはじめ、百七種いて、そのうち半数近くの四十八種が固有種です。一方のイギリスには、ハリネズミ、ヨーロッパヤマネコなど四十二種がいますが、固有種はゼロ。（4段落）

　しかし、Aの資料の表には、上記の叙述には書かれていない、日本とイギリスの国土面積と1万km²あたりの種の数（うち固有種）の情報が載っています。何のために載っているのでしょうか。イギリスは固有種ゼロなので1万km²あたりに換算してもゼロに決まっています。どうやら、哺乳類が生息する率はそこまで変わらないのに、固有種の生息する数は大きく違うことを印象付ける効果がありそうです。こうして対応を検討すると、文章からは理解できない情報が資料に表されていることが分かります。この資料について、子どもは「納得度アップパワー」や「文章減らしパワー」「違いはっきりパワ

ー」があると考えていました。

　Bの資料は、ニホンオオカミの剥製とニホンカワウソの写真が載っています。これは、次の文に対応しています。

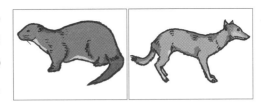

　最もよく知られているのは、本州・四国・九州に生息し、一九〇五年に記録されたものを最後に消息を絶ったニホンオオカミでしょう。二〇一二年には、ニホンカワウソの絶滅が宣言されました。（8段落）

　この資料について、子どもは「リアルパワー」や「興味ひくひくパワー」、「想像力パワー」などがあると発言していましたが、納得です。

　最後に、Cの資料は、天然林等面積の推移と全国のニホンカモシカほかく数を表した、棒グラフと折れ線グラフです。この二つのグラフについて、子どもは、「関わり見つけパワー」と「変化ばっちりパワー」があり、「文章減らしパワー」もあると考えていました。確かに、グラフを連続型テキストで詳細に表そうとしたら、いちいち〇〇年の値は△△で、と書かなければならず、長文になってしまいます。この資料には、たくさんのパワーがある反面、棒グラフは1951－2007年のデータ、折れ線グラフは1975－2010年のデータとなっており、「関わり見つけパワー」が感じにくいと訴える子もいました。二つのグラフを社会科の教科書に載っているように重ねてくれたら、より分かりやすいと発言する子もいました。ぜひ、先生がお使いの教科書の資料を10個のパワーで分けてみてください。

　資料と文の関係を解き明かし、資料の役割や効果を見極める目は、社会科や理科、総合的な学習の時間などの学びにも大いに生かされます。「分かりやすい」で終わらせないために、このスイッチが必要です。

ユニット3：「段落」を見つめる
スイッチ1：問いと答え

> 問いの段落がスタートだとしたら、答えの段落はゴールに当たります。スタートとゴールの距離に目を向けましょう。

長距離、短距離、リレー。問いと答えの関係を見極める

　筆者は当然、答えを知っています。その答えに合わせ、問いを設定します。問いが先にあるのではなく、答えが先にあるのです。さて、問いと答えを設定したら、答えを補う文や段落を入れたり、答え（考え）の根拠となる例を紹介したり、と文章を肉付けしていきます。肉付けが多ければ文章全体は長くなります。「初め－中－終わり」という構成では、「中」がどんどん膨らんでいくイメージです。最近、売られているサンドイッチのボリュームが増えたと思いませんか。両側のパンが問いと答えだとしたら、その間に挟まれているのが肉付け部分。この肉付けが多すぎると食べづらい。そんな食べ（読み）づらい文章が増えているように感じます。

　「ありの行列」（光村三下）は、問いと答えの段落が長距離です。以下のように、最初の段落に問い、最後の段落に答えが置かれています。中学年の典型的な文章構成といえるでしょう。

　・夏になると、庭や公園のすみなどで、ありの行列を見かけることがあります。その行列は、ありの巣から、えさのある所まで、ずっとつづいています。ありは、ものがよく見えません。それなのに、なぜ、ありの行列ができるのでしょうか。（1段落）

　　　　　　　　　　↓

　・このように、においをたどって、えさの所へ行ったり、巣に帰った

> りするので、ありの行列ができるというわけです。（8段落）

「言葉で遊ぼう」（光村三上）は、最初の段落に問いが示され、いくつかの答えがリレー形式で登場します。

> ・言葉遊びには、ほかにどのようなものがあるのでしょうか。また、どのような楽しさがあるのでしょうか。（1段落）
> ・にた音や同じ音の言葉を使って文を作るのが、しゃれです。（中略）しゃれには、言葉のもつ音と意味とを組み合わせるという楽しさがあるのです。（2段落）
> ・上から読んでも下から読んでも同じになる言葉や文が、回文です。（中略）回文になっている言葉や文を見つけたり、自分で作ったりする楽しさがあります。（3段落）

「ぼくの世界、君の世界」（教出六下）は、短距離走のように問いと答えが近い段落が見られます。

> ・結局、私たちは、一人一人別々の心をかかえ、相手のことなどわからないまま生きていくしかないのだろうか。つまり、人と人は、永遠に理解し合えないのだろうか。（13段落）
> ・そうではない、とぼくは思う。（14段落）

　自ら問いをもち、解決する意識は理科の実験や社会の調べ学習でも重要です。きっと実験や調べ学習のまとめに役立つでしょう。まず、問いと答えがしっかりと対応しているか、また、どのような関係にあるかを確認してください。問いと答えの段落の対応が分かったら、事例や根拠が答えを導くのに適切か、判断する段階に進みましょう。

ユニット3：「段落」を見つめる
スイッチ2：要点

 段落は、内容のまとまり。その内容のカギとなる言葉は？　小見出しをつけるとしたら？　二つの要点を確認しましょう。

キーワードとしての要点、機能としての要点

　段落は、一つの内容のまとまりです。学習場面では、その内容を端的に表すキーワードとしての要点も出されれば、その段落がどのような役割や機能をもっているかを表すような要点も出されることがあります。二つの要点の表し方について、具体的に考えてみましょう。

　「あなのやくわり」（東書二下）に次のような段落があります。

> 　五十円玉のまん中には、あながあいています。これは、さわったときに百円玉とくべつするためのあなです。むかしの五十円玉にはあながなく、百円玉と同じくらいの大きさだったので、まちがえる人がいたのです。そこで、五十円玉にあなをあけ、さわったときにくべつできるようにしたのです。（2段落）

　この段落の要点は何でしょう。内容のカギとなる言葉を端的にまとめれば、「百円玉とくべつするための五十円玉のあな」「さわったときにくべつするあな」とでもなるでしょうか。別の見方をすると、初めての事例なので「一つ目のあなのやくわり」や「あなのやくわり①」などとも言えます。これは、段落の役割や機能を表した要点です。同じように考えると、「すがたをかえる大豆」（光村三下）の内容と機能としての要点はどのように表される可能性があるのでしょう。3段落と4段落を例に考えてみましょう。

> ・いちばん分かりやすいのは、大豆をその形のままいったり、にたり
>   して、やわらかく、おいしくするくふうです。（3段落）
> ・次に、こなにひいて食べるくふうです。（4段落）

　文章中におけるこの段落の機能で表すならば、3段落は「くふう①」、4段落は「くふう②」となります。内容で考えれば、「いったりにたりするくふう」、「こなにひくくふう」となります。このように、要点は内容と機能の両面から表現されることがあります。要点を「説明」や「紹介」「問い」「まとめ」や「結論」「具体例」などの言葉で表現する子どもがいたら、それはその段落の役割や機能を意識していることになりますね。

　「こまを楽しむ」（光村三上）では、1段落の「では、どんなこまがあるでしょう。また、どんな楽しみ方ができるのでしょう。」という問いに応じて、2〜7段落で6種類のこまが紹介されます。2段落を取り上げます。

> 　色がわりごまは、回っているときの色を楽しむこまです。こまの表
> 面には、もようがえがかれています。ひねって回すと、もように使わ
> れている色がまざり合い、元の色とちがう色にかわるのがとくちょう
> です。同じこまでも、回すはやさによって、見える色がかわってきま
> す。

　この文章では、段落の冒頭の一文に、問いに対応する楽しみ方が書かれるので、要点は「色がわりごまの楽しみ方」となるでしょう。

　「要点」は、「要」となる「点」です。要点につながるキーワードが明確な段落もあれば、そうではない段落もあります。キーワードを抜き出す力は、低学年の「重要な語や文」、中学年の「中心となる語や文」に大いに関連します。そして、ユニット4で述べる「要約」につながります。

ユニット3:「段落」を見つめる
スイッチ3：第一段落の工夫

 Point どのような文から文章を書き始めるか、難しいものです。第一段落には、筆者の工夫や意図がこめられています。

優しい書き出し、刺激的な書き出し

　第一段落をどのように書き始めるか。何通りかの方法があります。例えば、題材がイースター島であったり、専門用語が登場したりするなど、子どもに身近でない事象や言葉が中心となる場合には、その説明から始めなければならないでしょう。第一段落に題材や用語の説明があった場合には、筆者は読者が題材についてあまり理解していないと判断し、優しい書き出しをしてくれていると考えられます。

　具体的なエピソードから始める場合もあります。特に国際理解や環境問題など世界的な視野が必要であったり、子どもの日常との接点が少なかったりする場合には、子どもが事象との距離を感じ、読み進めることにつまずきが生まれがちです。子どもが知っている出来事や経験したことがありそうな行為などを取り上げ、興味を抱くように工夫します。

　問題提起をする場合もあります。論説文や意見文の中には、筆者が問題だと感じた事象を読者とともに解決することをめざして書かれるものがあります。その場合、刺激的な問題提起を最初に行い、読者と問題意識を共有する手法をとります。さて、具体的に第一段落を見てみましょう。

　「まめ」（学図一下）の第一段落は、「まめはたねです。生きています。」です。「豆って生きているの？」と、興味をひく第一段落ですね。

　「めだか」（教出三上）は、「めだかの学校は　川の中　そっとのぞいてみてごらん　そっとのぞいて　みてごらん　みんなで　おゆうぎ　している

よ」という、子どもに身近な歌から書き始めます。これも読者をひきつける筆者の工夫ですね。この書き出しは、最終段落と呼応しており見事です。

「思いやりのデザイン」（光村四上）は、次のようにインフォグラフィックスという専門用語の解説から始まります。子どもが難しさを感じないようにトイレなどの例を出し、優しい解説を心がけていますね。

> 学校の中に、トイレやひじょう口の場所を知らせる絵文字、校内の案内図、手のあらい方の説明図などがあるでしょう。それらのように、伝えたいことを、絵や図、文字を組み合わせて見える形にしたものを、インフォグラフィックスといいます。これは、インフォメーション（伝えたいこと）と、グラフィックス（形にすること）を合わせた言葉で、デザインの一つです。

「AIで言葉と向き合う」（教出六上）も中心的な題材であるAIを、具体的なエピソードを交えて提示しています。

> 人が運転しなくても、自動車が自分で考えて目的地まで連れていってくれる。何十年も前は夢として考えられていた「自動車が本当の『自動』車になる」といったことも、すでに実用化の段階まで来ているようです。これまで人がしていたことを機械が自動的にできるようになったのは、コンピューターの高度なプログラムである、AI（人工知能）が開発されたことによります。

第一段落の書き始めはスタートダッシュ。その後、自力で走り続ける（読み続ける）原動力となります。だからこそ、筆者も工夫を施し、意図をもって綴るでしょう。どうして筆者はそういう書き出しにしたのか、第一段落の意図を考える学習もおもしろそうです。

ユニット3：「段落」を見つめる
スイッチ4：考えとよりどころ

筆者が伝えたい考えは何か。その考えが生まれた源は何か。考えとそのよりどころとなる事実を区別しましょう。

「よりどころ」なくして「考え」なし。よりどころは、考えの後ろ盾

　私たちは常に考えに説得力をもたせるために、その考えを補強する理由や事例を挙げます。例えば、「私が通っている〇〇小学校は、素敵な学校です。」という考えを述べる場合、根拠となる事実がなければ、なぜ素敵な学校だと言えるの？と疑問が寄せられ、読者の納得を得られません。

　学習指導要領の「説明的な文章」に関する事項には、「ア　考えとそれを支える理由や事例との関係などについて、叙述を基に捉えること。」（中学年）や、「ア　事実と感想、意見などとの関係を叙述を基に押さえ」（高学年）と書かれています。ちなみに、「理由」はなぜそのような考えをもつのかを説明するもの、「事例」は考えの妥当性を示す根拠となる客観的な事実や具体例などを指すもの、と学習指導要領解説で定義されています。

　ここでは、感想や意見、主張などを含めて「考え」、理由や事例、根拠などをまとめて「よりどころ」としておきます。

　「言葉と事実」（教出五上）では、一つ一つの考えに対してよりどころが示されます。例えば、二つの考え①②とよりどころを紹介しましょう。

---

　①考え：言葉は、事実と結びつけて使うことが大切です。（2段落）

　　よりどころ：イソップ童話のうそつき少年の話（1段落）

　②考え：人は、言葉だけを信用し、事実に目を向けずに行動してしまうことがある。（11段落）

> よりどころ：アメリカのデパートでのハンカチ販売（9・10段落）

「見立てる」（光村五）でも同様に、考えに説得力をもたせるために、子どもが実際に見たり遊んだりすることができる事例を挙げています。

> ・考え：想像力は、わたしたちを育んでくれた自然や生活と深く関わっているのだ。（6段落）
> ・よりどころ：あや取りの中でも「あみ」「田んぼ」「油あげ」などと名付けられる形、アラスカ西部とカナダで名前が異なる形（4・5段落）

　次に「固有種が教えてくれること」（光村五）を取り上げます。この文章では、2段落に「わたしは、この固有種たちがすむ日本の環境を、できるだけ残していきたいと考えています。」と主張し、最終11段落でも「わたしたちは、固有種がすむ日本の環境をできる限り残していかなければなりません。」と同様の主張を繰り返します。その考えのよりどころとして、特別天然記念物でありながら害獣として駆除されるニホンカモシカ、絶滅したとされるニホンオオカミとニホンカワウソの事例を挙げています。ニホンオオカミなどは剥製の写真を載せ、より読者の心に訴えかけてきます。

　「こまを楽しむ」（光村三上）では、最終段落の最後の一文「人々は、このつくりにくふうをくわえ、回る様子や回し方でさまざまな楽しみ方のできるこまをたくさん生み出してきたのです。」という主張をするために、6種類ものこまを例示します。「すがたを変える大豆」（光村三下）でも「昔の人々のちえ」「おいしく食べるくふう」のすばらしさを伝えるために9種類もの大豆食品を例示します。

　よりどころは考えの後ろ盾です。考えと、それを守り強調するよりどころの関係を見つめるスイッチを入れましょう。

ユニット3：「段落」を見つめる
スイッチ5：段落のまとまり

 段落を大きなまとまりで捉えてみます。「大段落」や「意味段落」
と呼ばれ、文章全体の構成を理解する土台となります。

意味段落を多様に捉え、柔軟に見つめる

　学習指導要領には、説明的文章の指導事項として、「ア 段落相互の関係に
着目しながら、考えとそれを支える理由や事例との関係などについて、叙述
を基に捉えること。」（中学年）、「ア 事実と感想、意見などとの関係を叙述
を基に押さえ、文章全体の構成を捉えて要旨を把握すること。」が示されて
います。「段落相互の関係」「考えとそれを支える理由や事例との関係」「事
実と感想、意見などとの関係」など、「関係」を創り出す一つの手法が意味
段落です。「始め－中－終わり」、「序論－本論－結論」というまとまりも意
味段落の一つの示し方です。意味段落を捉えることは、文章全体がどのよう
な構成になっているかを把握することにつながります。

　「めだか」（教出三上）では、４段落に「では、めだかは、そのようなてき
から、どのようにして身を守っているのでしょうか。」という問いが出され、
５段落から８段落に以下のように具体的な身の守り方が書かれます。

　・第一に、小川や池の水面近くでくらして、身を守ります。（５段落）

　・第二に、すいっ、すいっとすばやく泳いで、身を守ります。（６段落）

　・第三に、小川や池のそこにもぐっていって、水をにごらせ、身を守
　　ります。（７段落）

　・第四に、何十ぴきもあつまって泳ぐことによって、身を守ります。
　　（８段落）

身の守り方の実例をまとめた意味段落として分かりやすいですね。次に「ありの行列」（光村三下）を見てみましょう。この文章では、1段落に「なぜ、ありの行列ができるのでしょうか。」という問いが出されます。2～7段落の冒頭の文を並べてみます。

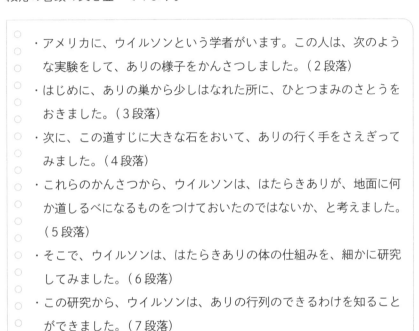

- ・アメリカに、ウイルソンという学者がいます。この人は、次のような実験をして、ありの様子をかんさつしました。（2段落）
- ・はじめに、ありの巣から少しはなれた所に、ひとつまみのさとうをおきました。（3段落）
- ・次に、この道すじに大きな石をおいて、ありの行く手をさえぎってみました。（4段落）
- ・これらのかんさつから、ウイルソンは、はたらきありが、地面に何か道しるべになるものをつけておいたのではないか、と考えました。（5段落）
- ・そこで、ウイルソンは、はたらきありの体の仕組みを、細かに研究してみました。（6段落）
- ・この研究から、ウイルソンは、ありの行列のできるわけを知ることができました。（7段落）

どうでしょう。2～5段落がウイルソンの実験・かんさつ、6・7段落が体の仕組みの研究と分かります。段落のまとまりが分かりやすい文章です。

さて、先の「ありの行列」の段落のまとまりを、私たちはどのように見つけているのでしょうか。砂糖を置く実験と石を置く実験をして、道しるべがありそうだと分かった。ありの体の仕組みの研究から特別の液を発見し行列ができるわけを知った、というように「実験・かんさつ」と「研究」というカギことばをもとにし、内容のつながりで段落のまとまりを判断した方もいるでしょう。もう一通りの判断の仕方があります。それは、「はじめに」、「次

に」、「そこで」などの接続語や、「これらのかんさつから」、「この研究から」など、まとめを指し示す言葉の機能に着目する方法です。

　よく分からない方もいらっしゃると思います。先の「めだか」をもとに考えてみましょう。２・３段落を抜粋し、４段落の問いにつなぎます。

> ・春になると、小川や池の水面近くに、めだかがすがたをあらわします。体長は、大人になっても三、四センチメートルにしかなりません。（２段落）
> ・めだかは、いつもたくさんのてきにねらわれています。（３段落）
> ・では、めだかは、そのようなてきから、どのようにして身を守っているのでしょうか。（４段落）

　この先の５－８段落は先のとおりです。先生方に意味段落を考えてもらうと、４段落の前（１－３段落）で区切り、４－８段落をまとまりと捉える先生と、４段落まで（１－４段落）で区切り、５－８段落をまとまりと捉える先生が見受けられます。よく「始め－中－終わり」に分ける学習をする際に、「問い」までが「始め」と見なすべき文章が教材になります。４段落を「問い」という機能でみれば、そこまでが「始め」という意味段落となります。一方、４段落は「身を守る」というカギことばが出てきてその方法が５－８段落に書かれている、と内容面に着目した先生は４－８段落をまとまりと考えます。意味段落を考える授業を参観すると、何通りもの分け方が子どもから出され、収拾がつかなくなる場面に出合います。多くの場合、このように着眼点の違いが要因となっているように思われます。さて、「めだか」の文章には、まだ続きがあります。９段落の内容は、以下の通りです。

> 　めだかは、こうして、てきから身を守っているだけではありません。めだかの体は、自然のきびしさにもたえられるようになっているのです。

　これまた、先生方に取り組んでもらうと判断が分かれる段落です。「こうして」という、前を受ける言葉が使われているのだから前の意味段落に含めるべき！と判断する先生もいれば、「自然のきびしさにたえる」という内容は10・11段落に書かれているので、後の意味段落に含めるべき！と考える先生もいます。やはり、機能と内容で判断が分かれてしまいました。

　そもそも考えてみてください。文章とは、川の流れのようにスムーズに最初から最後まで流れるのが理想です。もちろん、文章が長くなれば、まとまりが必要になりますが、そのまとまり同士がスムーズにつながった方が読者も読みやすいはずです。この９段落は前の内容をまとめ、次の内容を導く、橋渡しの機能をもっています。「橋渡しの段落」といえます。ベン図で円が重なる部分のように、どちらにも属する段落です。そう考えれば、無理をして前と後ろ、どちらかに入れる必要はないでしょう。

　「言葉の意味が分かること」（光村五）の学習でも子どもが判断に迷う場面に出合いました。次の２段落は前のまとまりか、後のまとまりか。

　　それでは、言葉の意味に広がりがあるとは、どういうことなのでしょうか。小さな子どもに言葉を教える例をもとに考えてみましょう。

　ある子は、「広がり」というカギことばと「投げかけ」の機能を判断材料とし、前のまとまりと主張しました。またある子は、「それでは…例をもとに考えてみましょう。」という言葉から、この段落で話題が変わり、具体例が次の段落から示されるだから後のまとまりと主張しました。

　教師用指導書に載っている意味段落の解説や段落構成図に対し、本当にこれで合っているのですか？という質問を先生方から受けることがあります。着眼点によって、意味段落の捉えは多様になります。子どもの考えを生かすためにも、先生が柔軟に見つめる目をもつことが必要です。

ユニット3：「段落」を見つめる
スイッチ6：比較

> **Point** 比較することで、そのものの特徴や長所、短所が明確になります。何と何を比べているか、探しましょう。

比べたからこそ見えてくる特徴がある！

　説明文は、何かを説明するために書かれるわけですが、その際に 比較 を用いると、より説明する事象の特徴が明確になります。そのため、ユニット1「設定」を見つめるのスイッチ2：題名・話題でも取り上げましたが、題名からすでに「比較」を用いていることが分かる文章が多く見られます。低学年は〔知識及び技能－情報と情報との関係〕として「ア 共通、相違、事柄の順序など情報と情報との関係について理解すること。」が示されているので、共通や相違を捉えるためにも比較を取り上げた文章が見られます。例えば、「さとうとしお」（東書一上）は、「どちらもしろいこなです。／どんなちがいがあるのでしょうか。」と問いを出し、「さとうは、すこしべたべたしています。／しおは、さらさらしています。」、「さとうは、あまいです。／しおは、しょっぱいです。」と相違点を明らかにし、最後は「どちらもたべものをおいしくします。」と共通点を述べています。

　「どうぶつの赤ちゃん」（光村一下）の単元名は、「くらべてよもう」です。ライオンとしまうまの成長の様子を比べています。

---

①ライオンの赤ちゃんは、生まれたときは、子ねこぐらいの大きさです。（2段落）

②しまうまの赤ちゃんは、生まれたときに、もうやぎぐらいの大きさがあります。（5段落）

③ライオンの赤ちゃんは、生まれて二か月ぐらいは、おちちだけのん

でいますが、やがて、おかあさんのとったえものをたべはじめます。
（4段落）

④しまうまの赤ちゃんが、おかあさんのおちちだけのんでいるのは、
たった七日ぐらいのあいだです。（7段落）

②の「もう」、④の「たった」という言葉に注目しましょう。これらの言葉がなくても、文としては成立します。では、なぜ入っているのでしょうか。それは、ライオンとの比較を明確にし、しまうまの特徴を強調するためです。①と③の段落を見ると、ライオンは、「子ねこ」、「二か月」と説明されています。ライオンが「子ねこ」に例えられるのに対して、しまうまは「もうやぎ」ぐらいの大きさがあるのです。また、ライオンが「二か月」なのに対して、しまうまは「たった七日」ぐらいなのです。ライオンの例を先にし、それに対してしまうまがいかに早く成長するかを読者に示すうえで、これらの言葉は役に立っています。

さて、中学年に目を向けると、「手で食べる、はしで食べる」（学図四上）、「くらしの中の和と洋」（東書四下）、「アップとルーズで伝える」（光村四上）など、比較を題材にした文章が多く載せられていることに気づきます。

「くらしの中の和と洋」では、「一方」「それに対して」「これに対して」という表現を用いて、和と洋の比較を明確に表しています。

「アップとルーズで伝える」（光村四上）も比較が明確な文章です。3段落の終わりに、「アップとルーズでは、どんなちがいがあるのでしょう。」という問いかけが提示されます。4段落と5段落では、アップとルーズが次のように比較されています。

・アップでとったゴール直後のシーンを見てみましょう。（中略）アップでとると、細かい部分の様子がよく分かります。（4段落）

・試合終了直後のシーンを見てみましょう。（中略）ルーズでとると、

> 広いはんいの様子がよく分かります。（5段落）

　「見てみましょう」「○○でとると、…の様子がよく分かります。」という文がそろっており、比較していることが容易に理解できます。
　この文章のおもしろいところは、アップとルーズの比較だけでなく、アップの長所と短所、ルーズの長所と短所も、一つの段落内で比較されているところです。先の4・5段落は、次のように続きます。

> ・しかし、このとき、ゴールを決められたチームの選手は、どんな様子でいるのでしょう。それぞれのおうえん席の様子はどうなのでしょう。走っている選手いがいの、うつされていない多くの部分のことは、アップでは分かりません。（4段落）
> ・でも、各選手の顔つきや視線、それらから感じられる気持ちまでは、なかなか分かりません。（5段落）

　「しかし」「でも」という接続語を使い、「分かりません」という文末をそろえ、長所だけでなく、短所も書かれています。一つの段落内にも比較が入っているのですね。
　さらに言えば、「伝え手」と「受け手」も比べています。上記の「分かります」や「分かりません」。これは誰にとってでしょう。「受け手」にとってです。それに対して、6段落の冒頭の一文は「このように、アップとルーズには、それぞれが伝えられることと伝えられないことがあります。」と書かれています。「伝えらえることと伝えられないこと」があるのは、誰にとってでしょう。これは「伝え手」にとってです。「このように」という接続語を用いながらも、その前後で「受け手」の立場から「伝え手」の立場に変化しています。
　「思いやりのデザイン」（光村四上）は、インフォグラフィックスを作ると

きに心がけるべき「思いやりのデザイン」を分かりやすく説明している文章です。この文章でも、段落同士の比較と段落内の比較が見られます。まず、3・4段落においてAとBの案内図が、「いっぽう」という接続語を用いて比較されています。

> ・Aの案内図は、どこにどんな建物があるかを、だれが見ても分かるように表しています。（3段落）
> ・いっぽう、Bの案内図は、目的地までの道順と目印になる建物だけを表しています。（4段落）

また、3・4段落では、段落内において「しかし」という接続語を用いて、その案内図が役立つ場合と役立たない場合を比べています。3段落の一部を抜粋してみましょう。

> この街に来た多くの人の役に立ちます。しかし、目的地が決まっている人にとってはどうでしょうか。たくさんの道や目印があるため、どの道順で行けばよいのかまよってしまうかもしれません。

「思いやりのデザイン」は、「アップとルーズで伝える」と併せて、一つの単元を構成しています。どちらも同じように段落同士の比較と段落内の比較が見られ、学びを生かすことができそうです。

　私たちは、何を基準に「明るい」と判断しているのでしょうか。その人がもつ基準と比べているはずです。「暗い」「重い」「おいしい」「かっこいい」「気持ちよい」。これらの言葉は、無意識に自らがもつ基準と照らし合わせて使われています。基準は一人一人異なるので、ある人にとって「重い」ものが、別の人にとっては「軽く」なるのです。比較は、対象の特徴を明らかにする基礎的な思考力です。他教科でも意識したいですね。

スイッチ7：結論の広がり

> 具体をもとに一般的・抽象的な考えを述べる形式があります。
> その場合に用いられるのが「結論の広がり」です。

ありで始まり、ありで終わる。ありで始まり、昆虫に広げる

　「ありの行列」（光村三下）は、「夏になると、庭や公園のすみなどで、ありの行列を見かけることがあります。（中略）それなのに、なぜ、ありの行列ができるのでしょうか。」という１段落から始まり、「このように、においをたどって、えさの所へ行ったり、巣に帰ったりするので、ありの行列ができるというわけです。」という最終段落で終わります。まさに「ありで始まり、ありで終わる」文章です。３年生までに学習する多くの文章がこの型に当てはまります。しかし、例外もあります。「ミラクルミルク」（学図三上）は、最後の８・９段落が以下のように書かれています。

> 　このように、動物のミルクは、ミラクルをおこして、ヨーグルトやバター、チーズなどに変身し、あじもせいしつもちがう物になるのです。
> 　わたしたちが、ふだん何気なくのんだり食べたりしている物にも、わたしたちの知らないミラクルが、かくれているかもしれませんね。

　「ありの行列」と異なり、「このように」を用いた段落で終わりません。ミルクを話題に論を展開してきましたが、最後に「ミラクル」をカギことばにし、他の食品にも目を向けるよう促します。

　４年生も下巻に入ると、ありの話題で始まりながら、ありを通して昆虫全般を語る。言い換えれば、「ありで始まり、昆虫に広げる」文章が一気に増

えます。「くらしの中の和と洋」（東書四下）は、題名のとおり、日常生活で目にする和と洋それぞれのよさを解説する文章です。3つの段落を並べてみましょう。

> ・ここでは、「衣食住」の中の「住」を取り上げ、日本のくらしの中で「和」と「洋」それぞれの良さがどのように生かされているか、考えてみましょう。（2段落）
> ・このように見てくると、和室と洋室には、それぞれ良さがあることが分かります。わたしたちは、その両方の良さを取り入れてくらしているのです。（14段落）
> ・ここでは、日本の「住」について取り上げましたが、「衣」や「食」についても、くらしの中で「和」と「洋」とそれぞれの良さがどのように生かされているか、考えることができるでしょう（15段落）

　本当は暮らし全般を取り上げ、和と洋の良さがどのように生かされているか、を論じるべきですが、そのためには多くの紙面が必要になってしまいます。そこで、筆者は2段落で「ここでは、『衣食住』の中の『住』を取り上げ」と絞り込みを図ります。「住」に関しては、14段落で「このように見てくると」とまとめますが、絞り込んだぶん広げる必要があるため、15段落を筆者は設けたのでしょう。

　「アップとルーズで伝える」（光村四上）も同様に「結論の広がり」が見られる文章です。下の叙述は、6段落です。「このように」とまとめます。

> 　このように、アップとルーズには、それぞれ伝えられることと伝えられないことがあります。それで、テレビでは、ふつう、何台ものカメラを用意していろいろなうつし方をし、目的におうじてアップとルーズを切りかえながら放送をしています。

しかし、この文章には、7・8段落がついています。どちらの段落も長いので、抜粋してみます。

> ・写真にも、アップでとったものとルーズでとったものがあります。
>   新聞を見ると、伝えたい内容に合わせて、どちらかの写真が使われ
>   ていることが分かります。（7段落）
> ・みなさんも、クラスの友達や学校のみんなに何かを伝えたいと思う
>   ことがあるでしょう。そのときには、ある部分を細かく伝える「アッ
>   プ」と、広いはんいの様子を伝える「ルーズ」があることを思い
>   出しましょう。（8段落）

7段落では、テレビの映像から新聞の画像に話題を広げています。また、8段落ではテレビや新聞といった専門的な技術が必要な媒体から読者である子どもたちに伝え手の範囲を広げています。まさに「広がり」をもった段落といえるでしょう。

「和の文化を受けつぐ－和菓子をさぐる」（東書五）は、副題にあるとおり、和菓子を主たる題材として、その歴史を解説した文章です。1段落は、次の一文で始まります。

> 　わたしたちの生活の中には、古くから受けつがれてきた日本の伝統
> 的な文化がたくさんあります。

この一文のあと、たくさんある日本の伝統的な文化の一つとして和菓子を取り上げ、論を展開していきます。そして、16段落で「このように、和菓子の世界は、知るほどにおくが深いものです。」とまとめます。この文章もここでは終わりません。17段落がついています。内容を見てみましょう。

わたしたちの毎日の生活の中には、和菓子にかぎらず、筆やろうそ
く、焼き物やしっ器、和紙、織物など、受けつがれてきた和の文化が
たくさんあります。そこにどんな歴史や文化との関わりがあるのか、
どんな人がそれを支えているのかを考えることで、わたしたちもまた、
日本の文化を受けついでいくことができるのです。

　題名は、「和の文化を受けつぐ」ですから、和菓子の話で終わらせるわけ
にはいきませんね。そこで、筆やろうそくなど和の文化を紹介し、題名にも
ある「受けつぐ」ことの大切さを説いています。

　最後に「ムササビがくらす森」（学図四下）を取り上げます。この文章も
「このように」（７段落）のあとに８段落がついています。１段落は、「わた
しが住んでいる山梨県の都留市には、ムササビがくらす森があります。」と
始まります。そして、３段落に「わたしは、森でムササビのくらしを観察す
ることにしました。」と述べ、その後の展開を知らせます。７段落は、「この
ように、ムササビのくらしは、大木がならび立つ神社の『ねぐら森』と、食
べ物がたくさんある雑木林の『食事場の森』を行き来することで成り立って
いることが分かりました。」と結論を述べます。では、８段落には何が書か
れるのでしょうか。

　　わたしたちは、野生の動物のくらしを見守ることで、動物が自然の
中でどのように生きているかを知ることができます。わたしたちの町
が、生き物にとってもくらしやすい町であるように、わたしたちにで
きることを考えていきたいものです。

　「わたしたち」という言葉を３回も使い、環境保護の機運を高めようとし
ています。作者が用いる「結論の広がり」、お分かりいただけましたか。

ユニット3:「段落」を見つめる
スイッチ8：原因と結果

科学的な内容や社会的・歴史的な事象を扱った文章には、結果を生み出す原因が必ず記されています。

「なぜ、そうなるの？」　そこには必ず原因がある

　イリオモテヤマネコ、ヤンバルクイナ、ニホンカモシカ、アマミノクロウサギ。日本には、多くの固有種が生息しています。なぜでしょう？　それを解説しているのが「固有種が教えてくれること」（光村五）です。4段落冒頭に、「日本に固有種が多いわけは、日本列島の成り立ちに関係があります。」と書かれています。どうも日本に固有種が多く生息しているという結果を生み出した原因は、日本列島の形成に関係がありそうだと分かります。このように、科学的な内容などを題材とした文章では、結果と原因が明確に記されます。

　「言葉の意味が分かること」（光村五）でも確かめてみましょう。

①あるとき、こんな言いまちがいに出会いました。

「歯でくちびるをふんじゃった。」

この子は、「歯でくちびるをかんじゃった。」と言いたかったのです。どうしてこんな言いまちがえをしたのでしょう。（6段落）

②つまり、この言いまちがいの原因は、自分が覚えた言葉を、別の場面で使おうとしてうまくいかなかったことといえます。言葉の意味のはんいを広げて使いすぎたのです。（7段落）

③「朝食にスープを食べました。」

これは、アメリカ人の留学生が言った言葉です。（中略）それでは、

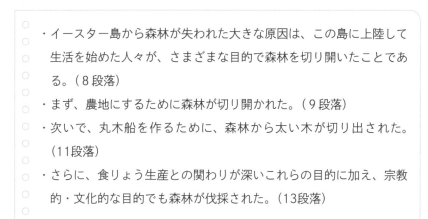

どうしてこのような表現をしたのでしょうか。（8段落）

④それは、英語と同じ感覚で「食べる」という言葉を使ったことが原因です。（9段落）

　①の「歯でくちびるをふんじゃった。」③の「朝食にスープを食べました。」。幼児や留学生がこのような言い間違いの結果を生んだ原因が②や④のように分かりやすく述べられています。

　「イースター島にはなぜ森林がないのか」（東書六）も原因と結果が明確に表されている文章です。まず、2段落冒頭で「現在、この島に森林はほとんど見られない。」と告げられます。読者はどうしてそのような結果になったのか、気になるでしょう。その原因は、8段落以降に記されます。

・イースター島から森林が失われた大きな原因は、この島に上陸して生活を始めた人々が、さまざまな目的で森林を切り開いたことである。（8段落）

・まず、農地にするために森林が切り開かれた。（9段落）

・次いで、丸木船を作るために、森林から太い木が切り出された。（11段落）

・さらに、食りょう生産との関わりが深いこれらの目的に加え、宗教的・文化的な目的でも森林が伐採された。（13段落）

　森林の伐採とラットの増加が主な原因となり、ポリネシア人たちは悲惨できびしい結末を迎えます。

　高学年の〔知識及び技能－情報と情報との関係〕に「ア　原因と結果など情報と情報との関係について理解すること。」が位置付けられました。高学年の文章では特に、結果とその結果を生み出す原因を記した段落をセットで探し出す目をもちましょう。

スイッチ9：クッション段落

> **Point** 文章は、いつだれに読まれるか分かりません。読者から反対意見や例外が届くことを想定し、先手を打つのが反論想定です。

読者からの声をクッションで受け止める

「カレーライスやハンバーグは洋食の定番、みんな大好物です。」という文があったとします。それを読んだ人の中には、「私は辛いカレーライスは食べない」「私のまわりには苦手とする人がいる」など反論や例外が浮かぶ人がいるでしょう。すべての人に当てはまる事実や考えは稀です。そのような声が寄せられる前に、事前に策を講じるのがクッション段落です。

「ぼくの世界、君の世界」（教出六下）を見てみましょう。

> ①もちろん、他の人にどう見えているかを、具体的に想像してみたわけではない。（4段落）
>
> ②もちろん、相手がうれしがっているふりをしている可能性もあるが、二人で夢中になって話をして盛り上がっている時に、そのような疑いをもつことはない。（16段落）

例えば②の場合、読者から「友達が『そうそう、それにこういうところもいいよ。』『あそこがよかったよね。』と返してきたからといって、自分と同じようにアニメが大好きで気持ちをはずませていると、まったく疑いもしないのか？」と疑問や反論が寄せられるかもしれません。だからこそ、先手を打って、もちろんその可能性もあるけれど…とクッションを置くことで、読者の納得を得られやすくしています。

「大切な人と深くつながるために」（光村六）でも、「もちろん」を使って、読者からの反論を和らげようとします。筆者は、前の段落で「おたがいが少し不満だけど、とりあえずやっていける解決を見いだせるのが、『コミュニケーションが得意』ということ」と述べます。この考えは、読者の納得を得られない可能性があるので、次の段落を設け、説得を試みます。

> 　もちろん、それは簡単なことではないです。でも、あなたに大切な人がいたら、その人とはちゃんと理解し合いたいと思うでしょう。この人にだけは、分かってほしいと思うでしょう。

　「数え方を生みだそう」（東書四下）にも、下線のように読者からの反論を想定した表現が挿入されています。

> 　数え方は、今あるものを正しく覚えて使うだけでなく、新しく生みだすことだってできるのです。そんなことができるのかと思うかもしれませんが、このような例は、日本語の歩みの中ではめずらしいことではありません。（８段落）

　「そんなことができるのかと思うかもしれませんが」…かなり強力なクッションです。
　筆者は、読者を選べません。いつどこで、どのような知識や考えをもった人に文章を読まれるか分かりません。出来るだけ多くの読者の納得を得るためには、読者から反対意見や例外が届く可能性がある事実や考えを吟味し、「反論や例外があることは分かっています」「もちろん、そういう場合も想定しています」と、先回りをしてクッションとなる段落を置くことが必要です。私たちも子どもも、文章を読むときだけでなく書くとき、話すときにこのスイッチを意識できると表現の説得力が増しそうですね。

説明文 | 設定 | 一文 | ユニット3 段落 | 文章 | 批評

ユニット4:「文章」を見つめる
スイッチ1:順序

 文章は川のようなもの。穏やかに流れ続け、読者の内容理解を
スムーズに促すための方策が「順序」です。

「順序」は、その後の内容を推測する装置です

　ユニット4では、文章全体を見つめる目をもちたいと思います。

　このスイッチで取り上げるのは、順序です。順序は、低学年の柱となる見
方であり、〔知識及び技能－情報と情報との関係〕には、「ア 共通、相違、
事柄の順序など情報と情報との関係について理解すること。」と位置付けら
れ、また、「読むこと－構造と内容の把握」にも「ア 時間的な順序や事柄の
順序などを考えながら、内容の大体を捉えること。」と記されています。

　なお、学習指導要領解説には、「例えば、時間、作業手順、重要度、優先
度などの観点に基づいた順序が考えられる。」と書かれていますが、私はさ
らに細かく以下の8点の順序を頭に置きながら教材研究をしています。

---

① 時（時間や季節、年月）　② 場所　③ 数字（大きさ、長さ）

④ 様子（色、形など）　⑤ 手順、仕方　⑥ 身近さ、安易さ

⑦ 大切さ、重要度、優先度　⑧ 因果関係（事実と理由／原因と結果）

　では、①から⑧の順序を意識しながら文章を見ていきましょう。

　「さけが大きくなるまで」（教出二下）は、①と②と③の順序を使って文章
を展開しています。①時の順序として、「秋になるころから」（2段落）、「冬
の間に」（4段落）、「春になるころ」（5段落）が示されています。②場所の
順序としては、以下のように文がつながっていきます。

- ・川上へ川上へとすすんでいきます。（2段落）
- ・いく日もいく日もかかって、川を下っていきます。（5段落）
- ・川を下ってきたさけの子どもたちは、一か月ぐらいの間、川の水と海の水がまじった川口の近くでくらします。（6段落）
- ・海の水になれて、体がしっかりしてくると、いよいよ、広い海でのくらしがはじまります。（7段落）
- ・北の海から自分が生まれたもとの川へ帰ってくるのです。（10段落）

③数字の順序は、以下のとおりです。さけが成長する様子が分かります。

- ・大きさは三センチメートルぐらいです。（4段落）
- ・五センチメートルぐらいになったさけの子どもたち（5段落）
- ・その間に、八センチメートルぐらいの大きさになります。（6段落）

「馬のおもちゃのつくり方」（光村二下）と「とべとべまわれ」（学図二下）は、どちらもおもちゃを作るために、⑤手順の順序を用いています。手順の順序は、料理や家電製品の説明など日常生活によく使われますね。二つの文章では、「では→まず→つぎに→それから→さいごに」、「まず→つぎに→今度は→それから→さいごに」という接続語で手順を表しています。

⑧因果関係の手順というと難しそうですが、「じどう車くらべ」（光村一下）など低学年の文章でも当たり前に使われています。この文章では、次のページのトラックの事例のように「しごと」と「つくり」の関係が「そのために」という接続語で表されています。「くらしをまもる車」（学図一下）も「はたらき」と「つくり」が同様に「そのために」という言葉によって順序立てられています。「はたらくじどう車」（教出一下）では、「やくわり」と「つくり」の関係が「ですから」で結ばれています。

　「じどう車くらべ」の学習時、ある子が「なんで、バスとじょうよう車➡トラック➡クレーン車」の順番なんだろう」と疑問をもちました。これが、⑥身近さの順序です。身近さの順序は、3年生以降の文章でも使われています。例えば、「こまを楽しむ」（光村三上）では、6種類のこまが紹介されますが、「色がわりごま➡鳴りごま➡さか立ちごま➡たたきごま➡曲ごま➡ずぐり」という順序になっています。子どもが手に取れ、回る様子を楽しめるこまから、なかなかお目にかからない回し方を楽しむこまへと移っていきます。そう考えると、この文章には安易さの順序も含まれていそうですね。

　「すがたをかえる大豆」（光村三下）も身近さの順序を使っているといえるでしょう。9つの大豆食品を紹介しますが、紹介の最初は、「いちばん分かりやすいのは、大豆をその形のままいったり、にたりして、やわらかく、おいしくするくふうです。」（3段落）として、いり豆と煮豆になっています。その後、きなこ、とうふ、納豆、みそやしょうゆと続きます。形がそのままのいり豆から、形が崩れ作り方が複雑になる食品へと進みます。

　高学年の文章でも、もちろん文章の構成に順序が用いられています。「メディアと人間社会」（光村六）を例に挙げましょう。この文章では、人々の欲求・思いとメディアの発達の関係が時系列で解説されています。

「くらしと絵文字」（教出三下）では、絵文字の特長が３点述べられます。「その絵を見たしゅんかんに、その意味がわかる」「つたえる相手に親しみや楽しさを感じさせる」「その意味が言葉や年れいなどのちがいをこえてわかる」です。本文では、なぜこの順序で述べられているのでしょう。

・絵文字の第一の特長は、その絵を見たしゅんかんに、その意味がわかることです。（5段落）
・絵文字の第二の特長は、つたえる相手に親しみや楽しさを感じさせる、ということです。（7段落）
・絵文字の第三の特長は、その意味が言葉や年れいなどのちがいをこえてわかる、ということです。（10段落）

それは、結論と関係がありそうです。最終段落は以下のとおりです。

絵文字は、わたしたちのくらしをべんりで楽しく、安全にしてくれます。そればかりか、世界中の人々がもっとわかり合い、つながりを深め合うのにも役立つことでしょう。（15段落）

最終段落の考えに向け、便利さ、楽しさ、言葉や年れいをこえたつながりと、特長を並べる順序を考慮しているのですね。

今回、具体例を出さなかった、④様子（色、形など）は、青葉から紅葉へ向かう木々や、色鮮やかな洋服が色あせていく様などが当てはまりそうです。また、先生は子どもに伝達事項が３つあったとしたら、どんな順序でお話ししますか。きっと一番意識したり覚えておいたりしてほしい事柄は、最初や最後に置くでしょう。これが、私たちが無意識に用いている、⑦大切さ、重要度、優先度の順序です。こうやって考えると、私たちは順序に囲まれて生活しています。「順序」は、文章を見つめる土台です。

スイッチ2：構成

文章が長くなればなるほど、筆者の主張やそれに向けた展開を捉えるために、文章の構成に目を向けることが必要です。

構成にこめた筆者の意図を探る

　筆者は、どんな構成で文章を紡ぐか決める権利をもっています。構成に目を向けることは、筆者と対話することにつながります。では、筆者は、どのような構成をとるのでしょう。学習指導要領解説には、構成の例として、「始め—中—終わり」、「序論—本論—結論」、頭括型、尾括型、双括型などが挙げられています。

　「アップとルーズで伝える」（光村四上）は、①令和元年版までと、②令和２年版以降の教科書で、３段落目の内容が変化しています。

> ①初めの画面のように、広いはんいをうつすとり方を「ルーズ」といいます。次の画面のように、ある部分を大きくうつすとり方を「アップ」といいます。アップとルーズでは、どんなちがいがあるのでしょう。
>
> ②初めの画面のように、広いはんいでうつすとり方を「ルーズ」といいます。次の画面のように、ある部分を大きくうつすとり方を「アップ」といいます。何かを伝えるときには、このアップとルーズを選んだり、組み合わせたりすることが大切です。アップとルーズでは、どんなちがいがあるのでしょう。

　お気づきのとおり、下線の一文が加筆されています。①では、この段落は

問いを設け、次の段落以降につなぐ役割をしていますが、②では結論に当たる一文が加えられ、8段落の「送り手は伝えたいことに合わせて、アップとルーズを選んだり、組み合わせたりする必要があるのです。」と呼応し、双括型の構成に変化しています。

「始め－中－終わり」の構成でいうと、始めと終わりの内容を呼応させる展開は様々な文章で見られます。例えば、「すがたをかえる大豆」（光村三下）は、2段落の最後の一文（③）と最終8段落の最後の一文（④）が、次のように呼応しています。

> ③そのため、昔からいろいろ手をくわえて、おいしく食べるくふうを
>   してきました。
> ④大豆のよいところに気づき、食事に取り入れてきた昔の人々のちえ
>   におどろかされます。

「くふう」が「ちえ」という言葉に置き換わっていますが、「昔」という言葉が重なり、十分に呼応しているといえるでしょう。「こまを楽しむ」（光村三上）も最初の段落（⑤）と最後の段落（⑥）に重なりが見られます。

> ⑤こまには、さまざまなくふうがつみかさねられてきました。そうし
>   て、たくさんのこまが生み出されてきました。日本は、世界でいち
>   ばんこまのしゅるいが多い国だといわれています。
> ⑥このように、日本には、さまざまなしゅるいのこまがあります。（中
>   略）人々は、このつくりにくふうをくわえて、回る様子や回し方で
>   さまざまな楽しみ方のできるこまをたくさん生み出してきたのです。

日本では、こまに様々な工夫を加えてきたこと。そして、多くのこまが作り出されてきたこと。内容を重ねることで、読者の納得を得ようとする筆者

の意図が伝わってきます。

　「始め－中－終わり」の構成はシンプルで分かりやすいのですが、内容が多くなり、文章が長くなると、「中」の部分がどんどん膨らんでいきます。「始め」に提示した問いだけでは、文章全体を包み込めなくなることがしばしばあります。ユニット２「一文」を見つめるのスイッチ２：問いかけと投げかけでもふれましたが、そこで筆者は、読者が興味を失わずに読み進めてくれるように、問いを重ねる構成をとることがあります。

　「自然のかくし絵」（東書三上）は、３段落（⑦）に最初の問いがきます。その答えを７段落で出し、８段落（⑧）に新たな問いが設定されます。

> ⑦こん虫は、ほご色によって、どのようにてきから身をかくしているのでしょうか。
> ⑧では、こん虫は、どんなときでもてきから身を守ることができるのでしょうか。

　「アメンボはにん者か」（学図四上）は、実験検証型の文章です。この文章のように実験を積み重ねることによって科学的な事実を明らかにする内容の場合、問いかけや投げかけがいくつも設けられ、論を展開する構成がとられる場合が多いです。実際の文章を見てみましょう。

> ・アメンボが、あのように水面にうまくうかんで走ることができるのには、何か仕組みがあるのでしょうか。（２段落）
> ・では、どうして、アメンボの足の先で水面が丸くくぼむのでしょうか。（５段落）
> ・もう一度、アメンボの様子をくわしく観察してみましょう。（10段落）
> ・それでは、アメンボが、水面にうかんで走るのはなぜでしょうか。（11段落）

多くの問いかけや投げかけを設けながら論を展開することで、アメンボが水に浮かび、忍者のように水面を走る仕組みと、なぜそのような行為をするのかを解明していきます。

　最後に、「まんがの方法」（教出五下）を取り上げます。この文章も問いかけや投げかけを多用し、飽きずに読める工夫が施されています。

> ・では、まんがは、そのおもしろさをどのような方法で表しているのでしょうか。そのひみつをさぐってみましょう。（2段落）
> ・次は、人物のえがき方について考えてみましょう。（9段落）
> ・物語の進行の仕方についてはどうでしょうか。（11段落）
> ・「まんがの方法」は、ほかにもあります。（12段落）

　「まんがの方法」を、コマやフキダシなどのページの作り、人物の描き方、進行の仕方と大きく分けて説明していることが分かります。さらに12段落に注目してみましょう。この段落は、短い一文で終了します。あえて短い一文で段落を構成することにより、「では、どんな方法があるのかな」と読者の興味をひく仕掛けとなっています。筆者の巧みな技ですね。

　高学年〔知識及び技能－文や文章〕には、「カ　文の中での語句の係り方や語順、文と文との接続の関係、話や文章の構成や展開、話や文章の種類とその特徴について理解すること。」が示されています。また、「読むこと」の指導事項には、「ア　事実と感想、意見などとの関係を叙述を基に押さえ、文章全体の構成を捉えて要旨を把握すること。」が示されており、高学年において特に文章の構成に目を向けることが大切になります。

　近年、双括型の構成が増えてきています。尾括型が「だから」の構成だとすると、頭括型や双括型は、「なぜなら」の構成といえます。筆者はなぜこの構成で書こうと考えたのか、構成にこめた筆者の意図を見つめましょう！

ユニット4：「文章」を見つめる
スイッチ3：カギことば

Point 歌のサビや主人公の決めゼリフと同じように、説明文にも中心となる言葉や文があります。

カギことばは、要点・要約・要旨につながる

　「読むこと－精査・解釈」には、「ウ 文章の中の重要な語や文を考えて選び出すこと。」（低学年）、「ウ 目的を意識して、中心となる語や文を見付けて要約すること。」（中学年）と示されています。ユニット3のスイッチ2：要点ではキーワードという言葉を使いましたが、文章の中で重要であったり、中心となったりする語や文をまとめて「カギことば」とし、それを見つめるスイッチを解説しましょう。まずは、低学年から見ていきます。

　低学年の文章において、カギことばはくり返し用いられます。「うみのかくれんぼ」（光村1上）を例にします。この文章では、はまぐり、たこ、もくずしょいが紹介されます。4つの段落を並べてみます。

- ・うみには、いきものがかくれています。なにが、どのようにかくれているのでしょうか。（1段落）
- ・はまぐりが、すなのなかにかくれています。（2段落）
- ・たこが、うみのそこにかくれています。（4段落）
- ・かにのなかまのもくずしょいが、いわのちかくにかくれています。（6段落）

　「かくれています」という言葉が何度も出てくることがわかります。題名の「うみのかくれんぼ」とも関わっています。それぞれの事例を見ると、は

まぐりでは「あし」、はこでは「いろ」、もくずしょいでは以下のように「かいそう」という言葉が複数回使われています。

> もくずしょいは、はさみで、かいそうなどを小さくきることができます。かいそうなどをからだにつけて、かいそうにへんしんするのです。

　先生も学校生活や学習で重要なことは、子どもたちに何度も伝えていませんか。特に覚えてほしい内容は、カギことばとして掲示物にしているクラスもあるでしょう。学級目標や学級・学年通信の表題などもカギことばの一例ですね。重要な言葉や文は、あえてくり返すのです。

　学級・学年通信の表題のように、題名にカギことばが用いられている文章も多くあります。例えば、「たんぽぽのちえ」（光村二上）は、「ちえ」という言葉が、「このように、たんぽぽは、いろいろなちえをはたらかせています。」と最終段落にも登場します。「世界にほこる和紙」（光村四下）も「ほこり」という言葉が、「わたしは、和紙のことをほこりに思っています。」（2段落）と使われ、最終10段落は「みなさんも、世界にほこる和紙を、生活の中で使ってみませんか。」と締めくくられます。

　「ウナギのなぞを追って」（光村四下）のカギことばは、「なぞ」。最終段落は、「これらのなぞをとくために、わたしたちは、今年もマリアナの海にやって来たのです。」です。題名と最終段落をカギことばで結び付けることにより、読者に印象付ける手法はかなりの頻度で使われています。

　「和の文化を受けつぐ－和菓子をさぐる」（東書五）も同様です。最後段落の最後の一文が「そこにどんな歴史や文化との関わりがあるのか、どんな人がそれを支えているのかを考えることで、わたしたちもまた、日本の文化を受けついでいくことができるのです。」と記されるように、題名にある「受けつぐ」という言葉が文章中に8回も使われます。また、17段落中12段落目から「支える」という言葉が度々登場するようになります。最後の一文に

も「支えている」という言葉がありますね。このように文章全体でくり返し用いられる言葉だけでなく、主張に迫る文章の後半に頻繁に用いられる言葉にもアンテナを張っておきましょう。

「自然のかくし絵」（東書三上）も最終12段落が「ほご色は、自然のかくし絵だということができるでしょう。」という一文で終わっており、題名がカギことばになっていると読者は判断するでしょう。「自然のかくし絵」というカギことばは、筆者の造語といえます。同じように「まんがの方法」という言葉も日常では聞き慣れない言葉です。「まんがの方法」（教出五下）では、この言葉が、次のように定義されます。

> まんがに特有の、共通した表現方法が見られるからです。これを「まんがの方法」とよぶことにしましょう。（3段落）

題名にもなっている言葉が、「　」で定義づけられている場合、この言葉がカギことばである確率はかなり高いでしょう。ちなみに本文中に「まんがの方法」という言葉は8回登場します。

「想像力のスイッチを入れよう」（光村五）という題名も、「想像力のスイッチ」とは？と興味を引きます。現にこの言葉は、次のように本文中に「　」を付けて何度も出てきます。

> ・このような思いこみを減らすために、わたしたちは、あたえられた情報を事実の全てだと受け止めるのではなく、頭の中で「想像力のスイッチ」を入れてみることが大切なのである。（6段落）
> ・あなたの努力は、「想像力のスイッチ」を入れることだ。あたえられた小さなまどから小さい景色をながめるのではなく、自分の想像力でかべを破り、大きな景色をながめて判断できる人間になってほしい。（16段落）

「　」のついている言葉には、せひ注目したいですね。この説明文では、「想像力のスイッチ」というカギことばが３回、「想像力」だけに絞ると９回も出てくることが確かめられます。

　「めだか」（教出三上）は、歌から始まるめずらしい文章です。みなさんもご存じの『めだかの学校』（茶木　滋）です。

> 　めだかの学校は　川の中　そっとのぞいて　みてごらん
> 　そっとのぞいて　みてごらん　みんなで　<u>おゆうぎ</u>　しているよ

　なぜ、歌から説明文を始めるの？と不思議に思う子どもも多いのではないでしょうか。最終12段落まで読み進めるとその理由が分かります。見事に「おゆうぎ」が呼応していることに気づきます。

> 　　小川や池の中で泳いでいるめだかは、歌にあるように、「<u>おゆうぎ</u>」
> をしているようにしか見えないかもしれません。しかし、めだかは、
> いろいろな方法でてきから身を守り、自然のきびしさにたえながら生
> きているのです。

　この文章では、「身を守る」というカギことばが４・５・６・７・８段落、自然のきびしさに「たえる」というカギことばが８・10・11段落に見られます。どちらも「おゆうぎ」とはかけ離れた印象を抱く言葉ですね。

　ユニット３「段落」を見つめるのスイッチ２：要点を捉える際にカギことばは役立つでしょう。また、スイッチ４：要約やスイッチ５：要旨をまとめる際にもカギことばは重要な役割を担います。「この紋所が目に入らぬか」「ボーっと生きてんじゃねーよ！」。ここぞ、という時に飛び出すカギことば。水戸黄門やチコちゃんに怒られる前にしっかりと目を向けましょう。ちなみに私の国語科学習のカギことばは、「『前に』が言える子ども、『次に』が言える教師」です。

ユニット4：「文章」を見つめる
スイッチ4：要約

Point 要約は、内容を厳選して抽出したもの。例えるならば、エスプレッソコーヒー。内容や筆者の考えをぎゅっと抽出しましょう。

事実・カギことば・考え（主張）が、要約の３大要素！

　中学年の「読むこと－構造と内容の把握」に「ウ 目的を意識して、中心となる語や文を見付けて要約すること。」と書かれています。学習指導要領解説には、「要約するとは、文章全体の内容を正確に把握した上で、元の文章の構成や表現をそのまま生かしたり自分の言葉を用いたりして、文章の内容を短くまとめることである。」と説明されています。文章の内容を短くまとめる際に意識したいのが、事実・カギことば・考え（主張）の３点です。どんな事実が明らかになったか、カギことばは何か、筆者が考えとして述べたいことは何か。この３点を組み合わせて要約は出来上がっていきます。

　「世界にほこる和紙」（光村四下）を例に考えてみましょう。まず、カギことばを探ってみます。題名と関連する「ほこり」はもちろんですが、その他に「無形文化遺産」「和紙のよさ」「やぶれにくい」「長もちする」「自分の気持ちを表す」「選ぶ」などが複数回用いられることばです。特に「自分の気持ちを表す」「選ぶ」は文章中に何度も使われています。これで、事実や筆者の考え（主張）につながる主なカギことばがそろいました。では、カギことばを意識しながら事実と主張に当てはまる文を抜き出してみましょう。

【事実】
・2014年11月26日、和紙を作る日本の伝統的なぎじゅつが、ユネスコの無形文化遺産に登録されました。（１段落）

・和紙には、洋紙とくらべて、やぶれにくく、長もちするという二つのとくちょうがあります。（3段落）

・洋紙と和紙をくらべると、和紙はとても長いせんいでできています。そのため、和紙は、洋紙よりもやぶれにくいのです。（4段落）

・そして、和紙を作るぎじゅつは、世界にほこれる無形文化遺産になりました。（10段落）

【考え（主張）】

・日本には、このすばらしいぎじゅつによって作られた和紙もあるのです。（1段落）

・わたしは、和紙のことをほこりに思っています。そして、より多くの人に和紙のよさを知ってもらい、使ってほしいと考えています。（2段落）

・それは、わたしたちが、和紙の風合いを美しいと感じ、自分の気持ちを表す方法の一つとして、和紙を選んで使ってきたからではないかと考えています。（7段落）

・このように、和紙のもつよさと、使う紙を選ぶわたしたちの気持ちによって、長い間、和紙は作られ、さまざまなところで使われ続けてきたのだと、わたしは考えています。（10段落）

・みなさんも、世界にほこる和紙を、生活の中で使ってみませんか。（10段落）

国語科教育に携わる2人に200字程度で要約をしてもらいました。さあ、上記のカギことば、事実、考え（主張）は要約文に入っているでしょうか。

和紙には、洋紙と比べ、とても長いせんいでできているのでやぶれにくく、よりおだやかなかんきょうで作られているため長もちすると

いう二つのとくちょうがある。また、和紙は美しい風合いをもってお
　　り、わたしたちは自分の気持ちを表す方法として、和紙を選んで使う
　　ことがある。
　　　和紙のもつよさと、使う紙を選ぶわたしたちの気持ちによって、長
　　い間和紙は作られ、使われ続けてきた。
　　　世界にほこる和紙を生活の中で使ってほしい。

　　　日常生活では、機械で作られた洋紙を使うことが多いが、日本には、
　　せんいを人の手によって、ていねいにからませるというすばらしい技
　　術によって作られた和紙がある。
　　　和紙は、洋紙とくらべて、やぶれにくく、長もちするというよさと、
　　使う紙を選ぶ私たちの気持ちによって、長い間、和紙は作られ、様々
　　なところで使われ続けてきた。その和紙を作る日本の伝統的な技術は
　　世界にほこれる無形文化遺産となった。

　2人の文章には、多くのカギことばが使われていることが分かります。ま
た、事実をもとにしていることも明らかです。ここで考えておきたいのが、
約200字としましたが、その文字数が要約に適しているかです。長い文章を
初めて要約する場合や要約を苦手とする子どもが多い場合、100字程度から
始めてもよいでしょう。より詳しく、事例を入れることまで求めれば、300
字程度に設定することも可能です。学習活動として要約に取り組む場合には、
教材研究をもとに字数の設定を考えることが大切です。
　さて、「ウナギのなぞを追って」（光村四下）では、学習活動が、「『ウナギ
のなぞを追って』を読んで、あなたが最もきょうみをもったのは、どんなこ
とですか。そのことを中心に、文章全体を読み、要約しましょう。」と設定さ
れています。つまり、一人一人の興味関心に沿って要約するので、異なった

要約文が出来上がるということです。この点は、「授業で使う言葉」（学図）に、「伝える相手や目的によって取り上げる部分が変わり、要約する内容はちがってきます。」と書かれていることと関係します。「ウナギのなぞを追って」の学習の手引きには、要約するにあたっては、「文章を、内容のまとまりごとに整理しましょう。そして、きょうみをもったことにそって、大事な言葉や文を書き出しましょう。」と指示されています。一人一人要約する内容は変わったとしても、やはり、要約では大事な言葉や文に着目することが必要なのですね。

　最後に、「アメンボはにん者か」（学図四上）の要約に取り組んでみました。下の要約文は、299字です。「アメンボが水に浮かぶ仕組み」と「水面の虫を食べて生きていること」が主な事実であり、「アメンボを通して環境に目を向け大切にすること」が筆者の考え（主張）となります。にん者、表面張力、うかぶことのできな水、かんきょう、などをカギことばと考えました。

　　アメンボは、体の中から少しずつ油を出す仕組みをもち、足の先が水をはじくようになっている。そのため、表面張力によって水面をおして丸くくぼませることができ、にん者のように水面に立っていられる。また、中足を根もとの方まで水の中につっこみ、ボートをこぐオールのように使って動いている。そして、水面に落ちてもがいている虫を見つけ、食べ物にしている。せんざいや石けん・油などでよごれてしまった水は、アメンボにとって「うかぶことのできない水」である。アメンボが元気に走り回っていれば、わたしたちはきれいな水のあるかんきょうでくらしていることになる。アメンボが元気にくらしていけるかんきょうをみんなで大切にしよう。

　要約は、内容を厳選して抽出したエスプレッソコーヒーと最初に述べました。上記の要約文ももちろん200字程度にできます。その際、事実・カギことば・考え（主張）を意識し、けずる言葉や文を吟味しましょう。

スイッチ5：要旨

要約をもとに、内容の「中心」や考えの「中心」により目を向け、読者の判断で短くまとめます。

要点、要約の先に要旨がある。「中心」を捉えて要旨をまとめよう

　高学年「読むこと－構造と内容の把握」に「ア 事実と感想、意見などとの関係を叙述を基に押さえ、文章全体の構成を捉えて要旨を把握すること。」として、要旨が登場します。学習指導要領解説には、「要旨とは、書き手が文章で取り上げている内容の中心となる事柄や、書き手の考えの中心となる事柄などである。」とされています。

　光村の「学習に用いる言葉」に「要旨は、文章全体をまとめている段落に表れることが多い。」と書かれているとおり、書き手の考えの中心は、最終段落に表されることが多いのは当然でしょう。例えば、「動物たちが教えてくれる海の中のくらし」（東書五）は、要旨を学ぶ単元に掲載されている文章ですが、「動物たちから学べることは、まだたくさん残されている。」と、題名とつながりのある文が文章の最後の一文として記されており、要旨に反映させるべき内容といえるでしょう。

　学図の教科書では、五年上巻「東京スカイツリーのひみつ」という文章を使って要旨を初めて学びます。筆者が読者に伝えたい中心となる内容と考えは、次の5段落と、結論部の23段落に書かれています。

・それらの問題を乗りこえるため、東京スカイツリーには日本がほこる高い技術力と人間のちえの結しょうともいえる、たくさんのひみつがあることを、みなさんに伝えたいのです。（5段落）

> ・その間、さまざまな問題が起こり、完成にいたるまでの道のりは大変険しいものでした。それでも安定・安全のためのさまざまなきびしい条件を乗りこえることができたのは、日本がほこる高い技術力や人間が作り上げたちえ、そして人々の努力と情熱の結しょうである、たくさんのひみつがつまっているからなのです。（23段落）

　内容の中心は、筆者の言葉を借りるならば、完成にいたるまでの道のりであり、その道のりの中で起きた様々な問題でしょう。考えの中心は、東京スカイツリーは、日本がほこる高い技術力と人間のちえのけっしょうであり、たくさんのひみつがつまっていること、となるでしょう。

　5段落が80字、23段落が140字程度です。内容の中心である様々な問題を加筆したとして、150－200字の設定が考えられます。

　「想像力のスイッチを入れよう」（光村五）では、筆者の考えを表す言葉として「大切」という二字が、下記のように度々用いられます。

　内容の中心は何か、筆者の考えの中心が表れている叙述はどこか。「中心」を捉えることで要旨は見出すことができるのです。

> ・このような思いこみを減らすため、わたしたちは、あたえられた情報を事実の全てだと受け止めるのではなく、頭の中で「想像力のスイッチ」を入れてみることが大切なのである。（6段落）
> ・ここで、まず大切なのは、結論を急がないことだ。（8段落）
> ・このように、想像力を働かせながら、一つ一つの言葉について、『事実かな、印象かな。』と考えてみることが大切である。（9段落）
> ・さらに大切なのは、メディアが伝えたことについて冷静に見直すだけでなく、伝えていないことについても想像力を働かせることである。（12段落）

スイッチ1：知識・体験

> Point 　文章内容を理解するうえで、投影できる知識や体験を子どもは
> もっているのか。文章と知識・体験との距離を測ります。

「無意識」を「意識化」する

　まず、スイッチ1として、「無意識」に投影する知識や体験を「意識化」してみましょう。「どうやってみをまもるのかな」（東書一上）は、動物の身の守り方を説明する文章です。以下①②はやまあらし、③④はあるまじろを紹介する文章の一節です。

---

　①やまあらしは、とげをたてて、みをまもります。（5段落）

　②てきがきたら、うしろむきになって、とげをたてます。（6段落）

　③あるまじろは、からだをまるめて、みをまもります。（10段落）

　④てきがきたら、こうらだけをみせて、じっとしています。（11段落）

　入学して間もない1年生が学習する文章です。なぜ、1年生も私たちもこの文章に納得するのでしょう。

　とげは痛いからさわりたくない。かたいこうらを割ったり破ったりすることは難しい、という知識・体験を無意識に投影しているからです。

　無意識に知識・体験を投影していることを「じどう車くらべ」（光村一下）でも確かめてみましょう。トラックの事例が挙げられている段落です。

　・トラックは、にもつをはこぶしごとをしています。（6段落）

　・そのために、うんてんせきのほかは、ひろいにだいになっています。

> おもいにもつをのせるトラックには、タイヤがたくさんついています。（7段落）

　ここでも、「にもつをはこぶ」ためには、その荷物を積み込むスペースが必要なので、「ひろいにだい」になっている。また、「おもいにもつをのせる」とタイヤに負担がかかってパンクしてしまう可能性があるので、「タイヤがたくさんついて」いる。このような知識・体験が文章理解を補っています。もしかしたら、重い荷物とたくさんのタイヤの関係を分かっていない子がいるかもしれません。筆者は、読者がもっているであろう日常生活の知識・体験を想定し、それに頼って文章を紡いでいきます。それがなかったら、タイヤに負担がかかって……など先述したようにすべてを説明しなければならず、文章は何倍も長くなるでしょう。

　もう一例、「こまを楽しむ」（光村三上）を取り上げます。

> 　さか立ちごまは、とちゅうから回り方がかわり、その動きを楽しむこまです。このこまは、ボールのような丸いどうをしています。指で心ぼうをつまんで、いきおいよく回すと、はじめはふつうに回るのですが、回っていくうちに、だんだんかたむいていきます。そして、さいごは、さかさまにおき上がって回ります。（4段落）

　回転数が落ちてくると軸が傾くことは、こまやコインなどが回る様子を見たり、体験したりし、実感を伴った理解が出来る子も多くいるでしょう。しかし、なぜ、最後は逆立ちして起き上がって回るのか。その仕組みを説明できる子ども、いや大人も少ないのではないでしょうか（私もその一人です）。文章と、私たちがもつ知識や体験に距離がある例といえます。

　私たちは無意識に、自らの知識や体験を文章に反映させています。子どもはどんな知識・体験をもっているのか意識するスイッチをもつことが大切です。

ユニット5:「距離」を見つめる
スイッチ2:使用語句

Point 語句のつまずきは、内容理解に大きくかかわります。文章に使われている語句と子どもの日常語句の距離を見つめましょう。

たった数語で思いのほか理解度が下がる？！

「たんぽぽのちえ」（光村二上）は、長年掲載されている定番の文章です。その文章中にこんな表現が出てきます。

> このわた毛の一つ一つは、ひろがると、ちょうど<u>らっかんさん</u>のようになります。

文章の下部には、右図のようならっかさんの絵が載っています。そもそも「ように」などのたとえは、読者が知っているであろう具体物に置き換えることで理解を促したり想像を喚起したりする働きがありますが、この文章を読む2年生の子どもは「らっかさん」を理解できるでしょうか。そして、らっかさんのように飛ぶ一つ一つのたんぽぽのわた毛をイメージできるでしょうか。文章の使用語句と子どもの日常語句に距離が生まれると内容理解につまずきが起きてしまいます。

「空飛ぶふろしき　ムササビ」（学図四下）では、ムササビが木から木へと飛び移る方法を、次のような記述で説明しています。

> では、ムササビの尾も見てみましょう。ムササビが飛ぶ方向を変えるとき、飛まくだけでなく、この長い尾も使っています。この尾を、<u>船の後ろについているかじのように</u>使い、バランスをとっています。

> こうすることで、木から木へと飛びうつりたい方向へ行くことができ
> るのです。（8段落）

　ここでも、「船の後ろについているかじ」というたとえが使われています。どれほどの子どもが、自らが理解していたり使用したりする日常語句をもとに、このたとえからムササビが飛び移る様子を想像できるでしょうか。

　単語レベルで距離が生まれ、それが重なるとより理解が難しくなります。

　「わたしたちとメディア」（学図五上）は、10ページに及び25段落を要する読み応えのある文章です。その中に次のような文があります。

> 　実はソーシャルメディアの出現により、ネットを通した大小さまざ
> まな社会が形成されるといった、社会的変化がもたらされ、わたした
> ちの生活は大きく変わってきています。（19段落）

　この後に動画共有サイト、SNSやブログの例が出てきますが、「大小さまざまな社会が形成される」「社会的変化がもたらされる」などは、実感を伴った理解が難しい表現といえるでしょう。インターネット上で生まれるコミュニティや仮想空間における共同体は、確かに一つの社会と見なすことができるでしょう。しかし、実体としての「社会」に身を置く子どもにとってこのような社会を理解できるでしょうか。文章に使われている言葉の意味と、子どもが日常生活から抱く意味に距離が生まれる可能性があります。

　今度は、「町の幸福論－コミュニティデザインを考える」（東書六）を取り上げます。副題にもあるように、この文章では「コミュニティデザイン」と「バックキャスティング」という、子どもには聞き慣れない言葉がカギことばとなります。最終段落の最後の一文は、以下のとおりです。

> 　わたしたち一人一人が、未来の町の姿をえがき、その姿に向かいな

　私事ですが、私は横浜市で生まれ育ちました。横浜駅から海側に目を向けると高層マンションや商業施設などが作られ、みなとみらいという一つの巨大な街が出現しています。人口の多い都市に住む子どもにとって、「未来の町の姿をえがき、その姿に向かいながら主体的に町作りに取り組む」ことは容易ではありません。子どもの住む環境により、近い距離にも遠い距離にもなる文でしょう。

　バトラー（2011）の研究によると、単語の解読度が95％以上だとほぼ正確に文を理解できるが、90－95％だと理解度は75％程度まで落ち、読むモチベーションを維持させるための努力が必要となる。単語の解読度が90％未満になると文の理解度は50％以下となり、文章を読むことにストレスを感じる、という報告がなされています。このことを大学生に伝えると、次のような感想が寄せられました。

> 　文の中で90％以上単語がわからないと文の意味がつかめないというのは、英語の読解で考えるとよくわかると思いました。1パラグラフに2〜3語わからない単語があるとすらすら文が読めなくなってしまうという経験があります。

　受験勉強のために英単語を暗記した記憶がよぎります。いくら覚えてもいざ英文読解に臨むと知らない単語が出てくる。最初は知っている単語の意味をつなぎ合わせ、知らない単語の意味を推測しながら読み進めても、それが度重なると推測できない状況となり、大意の理解が困難になる。そういう経験をしたことのある方も多いのではないでしょうか。

　筆者は、この使用語句と子どもの日常語句との距離を埋めるため、語句の

解説をすることがあります。例えば、「自然のかくし絵」（東書三上）では、「ほご色」というなじみのない言葉に対して、「身をかくすのに役立つ色のことをほご色といいます。」と定義付けています。

先に取り上げた「町の幸福論－コミュニティデザインを考える」（東書六）でも、「バックキャスティング」が登場する段落で解説が施されています。

> 未来のイメージを持つときの方法として、バックキャスティングという考え方がある。これは、まず未来をえがき、その未来から現在をふり返って、今やるべきことを見つけていくというものである。タイムマシン法といわれることもある。（11段落）

最後に、「ありの行列」（光村三下）から、2つの段落を取り上げます。

> ・アメリカに、ウイルソンという学者がいます。この人は、次のような実験をして、ありの様子をかんさつしました。（2段落）
> ・そこで、ウイルソンは、はたらきありの体の仕組みを、細かに研究してみました。（6段落）

私たちは、日常において「実験」「観察」「研究」という言葉をどれほど使い分けているでしょうか。研究は実験や観察を包含しているようにも思えます。子どもの中には、実験は理科室で行うもの、観察は屋外で植物や昆虫などに対して行うもの、という素朴概念をもっている子もいそうです。

「たんぽぽのちえ」（光村二上）の授業を参観したときのこと、ある子が「たんぽぽが生きていることすべてがちえだよ」と発言しました。たった一言の捉えが授業を動かすことがあります。教材研究の時点で、文章の使用語句と子どもの日常語句にどのような距離があるのか。一見距離がないように見えても理解や解釈がずれる場合があります。一言を侮るなかれ！

ユニット5:「距離」を見つめる
スイッチ3：意見・主張

 筆者の意見や主張に、子どもは納得できるのか。子どもの文章
理解と筆者の意見・主張との距離に目を向けます。

筆者の説得＝読者の納得、うまくいく？！

「『鳥獣戯画』を読む」（光村六）の最終段落から文を抜粋します。

> 十二世紀という大昔に、まるで漫画やアニメのような、こんなに楽
> しく、とびきりモダンな絵巻物が生み出されたとは、なんとすてきで
> おどろくべきことだろう。（中略）世界を見渡しても、そのころの絵
> で、これほど自由闊達なものはどこにも見つかっていない。（中略）
> 『鳥獣戯画』は、だから、国宝であるだけでなく、人類の宝なのだ。

　筆者の高畑勲氏は、大変強い主張をしています。そこまでの論の展開も見
事で、多くの子どもが筆者の主張に納得するでしょう。筆者の説得、成功で
す！　その影響からか、鳥獣戯画展を訪れた際、高学年と思われる子どもが
たくさん来場していました。実際の鳥獣戯画を見たくなりますよね。

　このように「筆者の説得＝読者の納得」となれば、一件落着ですが、そう
はいかない文章も散見されます。

　「花を見つける手がかり」（教出四上）は、もんしろちょうが何を手がかり
にして花を見つけるのか、を解明した文章です。実験と考察を積み重ねた結
果、「もんしろちょうは、色を手がかりにして花を見つけることがわかりま
した。そして、色も見分けることができるようで、むらさきや黄色は見つけ
やすく、赤は見えないらしいのです。」という結論を導きました。文章の展

188

開がスムーズで早く先を読みたくなる、優れた文章です。

　この文章の最終段落は、次のとおりです。

> 　こん虫は、何も語ってくれません。しかし、考え方のすじみちを立
> てて、実験と観察を積み重ねていけば、その生活の仕組みをさぐって
> いくことができるのです。

　題名を含め、終始もんしろちょうに焦点を当て、何を手がかりに花を見つけるのか、という結論を追い求めてきた読者が思い描く筆者の主張と、実験と観察のプロセスを中心に据えた筆者の主張には距離があります。

　「言葉の意味が分かること」（光村五）は、言葉そのものを題材にした文章で、英語や中国語の単語との意味範囲の違いがよく分かります。筆者は意味範囲を「面」という、子どもになじみのある言葉で説明しようとします。その言葉は、最終ページに初めて提示され、結論に用いられます。

> ・言葉の意味を「面」として理解することが大切になるのです。（11
> 　段落）
> ・みなさんは、これからも、さまざまな場面で言葉を学んでいきます。
> 　また、外国語の学習にもちょうせんするでしょう。そんなとき、「言
> 　葉の意味は面である」ということについて、考えてみてほしいので
> 　す。（12段落）

　「面」という言葉は普段でも耳にしますが、このような抽象度の高い使い方に子どもは慣れていないでしょう。そこに距離が生まれます。この距離に気付けば、言葉以外に「面」として捉えられる実例を子どもと考えるなど手立てを生み出せます。ここまで5つのユニットと28のスイッチを紹介しました。教材研究は、授業づくりに直結する大切な営みですね。

ユニット・スイッチを実践につなげる
―説明文編―

　第3章では、5つのユニット、28のスイッチを紹介しました。物語文同様、まずはご自身がどれだけのスイッチをもって説明文を読んできたか、改めてふり返ってみてください。スイッチを増やすことは、設定、一文、段落、文章全体へと目を向けるきっかけとなるだけでなく、筆者の考えや主張を正確に理解し、筆者特有の書きぶりや表現意図を捉えることに結び付きます。

　先生が手にしているスイッチをどのように学習場面に取り入れ、子どもたちと共有するか。教材研究を実践につなげるプロセスは、物語文と変わりません。第1章で述べたとおり、本書のユニット・スイッチは、学習指導要領の指導事項と密接に関係しています。まず、学習指導要領をもとに単元目標を設定します。次に単元目標にたどり着くためにはどのユニット・スイッチに着目すべきか考えます。具体的に、第4章の実践例を見てみましょう。

　「どうやってみをまもるのかな」の実践例では、単元内で多くのユニット・スイッチを習得し、活用する場面を設けることで、子どもがそのスイッチを意識的かつ主体的に用いることができるようになっています。

　「さけが大きくなるまで」の実践例では、ユニット4「文章を見つめる」からスイッチ1：順序を取り上げています。一文や段落に着目してきた、これまでの学びを生かしつつ、時や場所、数字による順序や言葉のつながりに目を向け、文章全体の書かれ方を理解できるようにしています。

　「こまを楽しむ」「めだか」など複数の説明文を用いた実践例では、ユニット3「段落を見つめる」から主にスイッチ5：段落のまとまりを取り上げています。複数の教材を用いることで、つなぎ言葉をはじめ、段落のまとまりを見つける手がかりとなる言葉に目を向ける子どもの姿が見てとれます。

　どの実践も、過去に学習したユニット・スイッチをもとに、単元目標にたどり着くために取り上げるユニット・スイッチを明確に示しています。

第4章

実践編

2年　物語文「スーホと白い馬」（光村二下）

ユニット4 「飾り」を見つめる　の実際

1　単元の目標

○様子や動作、気持ちを表す「言葉」に立ち止まり、場面の様子に着目して登場人物の行動とその理由を具体的に想像することができる。

○心が動いた「いいね！」の一文について、これまでの読みを生かしたり、自分の経験と結び付けたり、感想を共有することができる。

2　本単元で取り上げるユニット・スイッチ

> ユニット4 「飾り」を見つめる
> スイッチ1：けずる、2：変える

3　過去の学びと授業に臨む私の願い

　登場人物の行動とその理由を具体的に想像するためには、まず登場人物についての情報を集めることが大切である。特に低学年では、ユニット2「人物」のスイッチ1：登場人物から、名前や年齢、家族構成、生活圏などを知ることによって、登場人物との距離がぐっと近くなる。本教材「スーホの白い馬」には、登場人物の特徴が分かる言葉が多くちりばめられている。物語の場所や時代、日常生活は、現在の子どもたちにとって距離があるが、「まずしいひつじかいの少年」「年とったおばあさんとふたりきりで」「おとなにまけないくらい」「おばあさんをたすけて」など、人物の境遇や性格・外見・生活の様子などを捉える重要な描写をしっかり押さえたい。

　同じ2年生の前期に学習する教材「お手紙」では、ユニット2「人物」スイッチ3：行動と表情の気持ちが見えてくる動詞に着目した。「すわりました」

と「こしを下ろしました」、「見ました」と「のぞきました」などを比べて考えることで、動作を表す言葉で登場人物の気持ちが読者に伝わることを学んだ。本教材でも、「走る」と「かけだす」、「起きる」と「跳ね起きる」、「さわる」と「なでる」など、動作を表す言葉によってスーホと白馬が互いを大事に思う気持ちが読者に届くことに気付かせたい。

　本単元では、子どもが上記のような言葉に立ち止まることができるよう、ユニット4「飾り」スイッチ1：けずる、2：変えるを取り上げる。「言葉のある・なし」で読み比べることによって言葉のもたらす効果を考えていく。人物や場面の様子を豊かに想像できる面白さを味わい、この学びが、次の物語を読むときに生きる経験となることを願っている。

4　単元の流れ（全9時間）

　1，2時間目は、設定を確認後、心を動かされた「いいね！」の一文を選ぶ。友だちと自分が選んだ一文の「ずれ」、その根拠の「ずれ」といった同じ文章を読んで生じる「ずれ」を可視化し、交流する。

　3〜10時間目は、どうしてその一文に心を動かされたのかを探るため、場面ごとに様子や動作、気持ちを表す言葉に立ち止まりながら、登場人物の行動やその理由に迫る。ここでは、大意が分かる程度に、なくてもよい言葉をけずり、本文と並べて提示する。どの子も、自然とけずられた言葉を探すだろう。間違い探しのようなワクワク感や自ら探す姿を大切にしたい。

　11,12時間目は、再び心を動かされた「いいね！」の一文を選ぶ。これまでに立ち止まった言葉を根拠に、選んだ理由をまとめ交流する。当然、初めに自分の選んだ一文との「ずれ」が生まれる子もいるだろう。このbefore/afterの「ずれ」も可視化し、様々な言葉に着目することによって自分の読みの世界が広がる面白さを味わう学びを価値付けたい。

5　授業の実際（8時間目）

様子や動作、気持ちを表す言葉に立ち止まりながら、場面の様子や登場人物の行動について具体的に想像する

> どんなようすかな？どうしてそうしたのかな？
> くわしくそうぞうしよう。

五場面の文章も、みんなが読みやすいように変えてみました。教科書の文章と比べてどうかな。

短くなっている。「はねおきて」の「はね」がないよ。

短くなっている、ということは、言葉を減らしたってことだね。

「何本も」とか、「ひどい」って言葉がなくなっている。他にも、、、。（自分の教材文に線を引き始める）

スーホははねおきて、かけていきました。見ると、本当に、白馬はそこにいました。けれど、その体には、矢が何本もつきささり、あせが、たきのようにながれおちています。白馬は、ひどいきずをうけながら、走って、走って、走りつづけて、大すきなスーホのところへ帰ってきたのです。

スーホはおきて、見にいきました。見ると、白馬はそこにいました。けれど、その体には、矢がつきささり、あせがながれています。白馬は、きずをうけながら、帰ってきたのです。

「本当に」「たきのように」「大すきな」もなくなっている。

では、どちらの文章のほうがよいかな？

長いけれど、教科書の文章の方が、詳しく書いてあるからよく分かると思う。

だって、「何本も」がないと、どれくらいささっているのかが分からないし、「何本も」ってことは、数えきれないくらいってことでしょ。すごくたくさん、と言いたいんだと思う。

挿絵を見ると６本。「何本も」だから、本当はもっとたくさん矢が
ささっていたのかもしれないよね。そのあとに「つきささり」と書
いてあるから、こんなふうにつきささっていたのかな。（思いっき
り振り下ろす動き）

言葉があるほうが「どのくらい」が分かるのかな。

様子が詳しく分かると思う。「たきのように」があると、ものすごい
量が流れている、ということが分かるよね。

「おきて」だと、ただおきるだけ。でも「はねおきて」だと、ガバ
って起きて急いでいる感じ。白馬が大きなおおかみの前に立ちふさ
がっていたときと同じで、スーホは「はねおきて」「かけつけた」
につながるよね。兄弟のように大事な白馬の体をなでてあげたと書
いてあったから、「おきて」より白馬が大事だということが分かる。

どのくらい好きか、ということが分かるよね。だって、スーホが大
切に育てていたのにとられて、スーホは白馬のことしか考えていな
いし、白馬だって、スーホが「大すき」だから、「ひどい」きずを
うけても帰ってきたんだよね。

動作を表す言葉が出てくると、子どもたちは、「こんな感じ！」と席から立ち
上がり体を動かして表現し始める。「もっとこんな感じだよ！」と「もっと」
が出てくると、動きの幅が広がる。動きや程度を表す言葉を、体を
通して理解する段階を大切にしたい。 Point

では、どうして「走って、走って、走りつづけて」と、３回もくり
返して書かれているんだろう。「走りつづけました」で伝わるんじ
ゃないかな？

私は、くり返しているから、「広い広い草原」と同じだと思う。も
のすごく広いということだったから、そういう意味で、ものすごく
たくさん走って、ということが言いたかったんじゃないかな。

ぐったり疲れるくらいずっと走りつづけたってことだと思う。挿絵の白馬もぐったりしているし、それだけ必死だったんだと思う。

四場面の最後にも「それでも、白馬は走りつづけました」と書いてあるけれど、それに「走って、走って」がさらに増えてるから、とにかくスーホのところへ早く帰りたい、大好きでたまらないという白馬の気持ちが伝わってくる。

なるほど。「走って、走って、走りつづけて」って、たくさん走ったっていう様子も分かるけど、どうしてそんなに走ったのかっていう白馬の気持ちもよく分かる言葉なんだね。

言葉が書いてある文のほうが様子が詳しく分かると思う。どうやって白馬が帰ってきたかとか、白馬がどんな気持ちだったかとか、文章だけでよく分かったよ。前に挿絵比べをしたとき、挿絵だけで白馬の様子がよく分かったから「挿絵マスター」になったでしょ。だから、今日は「文章マスター」になれたかな。次の時間は、「何マスター」になれるのか、楽しみだな。

「飾り言葉」をスイッチ１：けずる、２：変えることで、その言葉から登場人物の気持ちが浮かび上がり、読み手に印象付けられることが分かった。 Point

6 教材研究に込める思い

　作品の魅力は、作者がちりばめた言葉や表現から生まれる。「教材研究で、自分がどれだけ魅力に迫れるか。授業で、子どもたちが、どれだけ魅力を語れるかが勝負。」そんな思いで教材と対峙し作戦を練る。

　まず、教材研究ではその言葉や表現を切り口に進める。「スーホの白い馬」は、２年生の子どもたちが学んできたこれまでの作品と比べて長文である。では、どんな言葉や表現が増えているのか。ユニット２「人物」スイッチ１：登場人物、２：会話文と地の文、３：行動と表情、ユニット３「言葉」スイッチ１：くり返し、２：比喩、３：オノマトペ、を手掛かりに、本文に線を引き情報を集める。言葉や表現といった「形式」面に着目すると、自然

と、「どうしてスーホは『夢中で』馬頭琴を組み立てたのか。」「スーホが白い馬を『どれほど』大切にしているか。」「内容」面の問いに対しての解釈が頭に浮かんでくる。「この言葉や表現があるから、読者は切なく感じるんだ」と、言葉や表現のもたらす効果や価値に気付き、形式と内容の両面から「この物語、面白いな」と感じる。

　授業づくりでは、国語が苦手な子どもたちに想いを馳せる。物語の内容は分かるけれど、「どうしてスーホは『夢中で』馬頭琴を組み立てたのか」と問われても根拠となる言葉から語ることができない。そこで、誰もが「言葉」に立ち止まる入り口を準備する。ユニット４「飾り」言葉をけずった文と本文と比べる。自然と子どもたちは、けずられた「言葉」を探す。大切なのは、子ども自身がそこにあったはずの「言葉」に気付くこと。「この言葉あったほうがいい？」とみんなで話し合うことで、見逃していた「ただの文字」が、どんな様子かどんな気持ちか、イメージが肉付けされた「言葉」となり、むくむくと盛り上がってくる。

> 「ぼくが、スーホの白い馬を勉強して身につけた力は、言葉を見つける力です。様子や動き、時を表す言葉、挿絵という言葉を初めて知って、最初にちょっと読んだときより、白馬を殺されたスーホのかなしさがよく分かりました。」（本単元の振り返りより）

　みんなで見つけたその「言葉」を頼りに、一人一人が自分の読みを固める。

　国語の授業で、どれだけ作者のちりばめた言葉や表現に立ち止まれるか。形式と内容の両面からじっくり吟味し、自分の読みを更新し続けることが、国語科の「言葉」の見方・考え方を育むことにつながると考える。これからも、子どもや同僚と共に作品の魅力に迫り、勝負し続ける教師でありたい。

（神奈川県・相模原市立中野小学校　本田芙裕美）

4年　物語文「ごんぎつね」（光村四下）

ユニット2 「人物」を見つめる　の実際

1　単元の目標

○登場人物の行動の移り変わりと、それに伴う気持ちの変化を結び付けることで、場面を越えて物語全体を横断的に捉えることができる。

○登場人物の行動を表す表現に立ち止まり、他の表現と比べることで、その表現のよさや感じ方の違いを味わうことができる。

2　本単元で取り上げるユニット・スイッチ

> ### ユニット2 「人物」を見つめる
> ### スイッチ3：行動と表情、4：気持ち・心情

3　過去の学びと授業に臨む私の願い

　既習の「一つの花」（光村四上）では、ユニット2 「人物」スイッチ3：行動と表情から、似た行動でも、言葉によって受け取り方が違うことを学んだ。具体的には、「見つめながら」と「見ながら」という二つの表現を比べた。言葉を比べることで、ゆみ子に対する父の気持ちの表れ方に違いを感じることができた。行動に着目し、比べたり、置き換えたりすることで、スイッチ4：気持ち・心情に迫ることができたのだ。

　「ごんぎつね」（光村四下）の特徴は、人物の行動から気持ちを広く想像できることだといえる。さらに、主人公のごんに関しては、会話文の代わりに、心内語が多く用いられている。そこで、前の行動がきっかけとなって次の行動へ、というつながりだけでなく、行動のあとに新たな気持ちが芽生え、それが次の行動の動機になるというつながりを捉えたい。行動の移り変わり

（行動→行動）と、気持ちの変化（気持ち→気持ち）という捉え方だけでなく、行動→気持ち→行動という構図で読むことを通して、物語の表現や構成の面白さについて考えていきたい。そのために、本単元では、行動と気持ちが読み取れる箇所を色分けする言語活動を行う。その分布から文章の構成を視覚的に捉え、場面の移り変わりとともに変化する行動の裏に、心内語をはじめとした、気持ちを想像できる叙述があることを捉える。それが、物語を横断的に読むことにつながると考える。これまでの学びとのつながりを感じ、これからの学びの見通しがもてる学習になることを期待する。

4　単元の流れ（全10時間）〇数字：時間数

　本単元では、4つの学習活動を設定する。まず、学習活動1（⑤）で文章から行動と気持ちが読み取れる箇所を探し、次のように色分けする（赤：ごんの行動　黄：ごんの気持ち・心内語　青：兵十の行動　緑：兵十の気持ち）。色の分布を、場面を横断して視覚的に捉えることで、

・前の行動がきっかけとなって次の行動に移っていること

・行動のあとに芽生えた気持ちが 次の行動の動機となっていること

を押さえる。また、言葉による感じ方の違いについても考えていく。行動を表す言葉や文末表現を比べたり、言い換えたりすることで、受け取り方が変わることを学ぶ。ここに「一つの花」で学んだこととの関連を見出せる。

　次の学習活動2（③）では、ごんの気持ちが兵十にどう歩み寄っていったのかを曲線で表す。学習活動1で着目した行動や心内語を根拠に考えることで、学びのつながりを生むことができる。その後、互いの曲線の描き方を交流する。曲線の起伏が大きい箇所を中心に、そのように描いた理由を互いに話す。たとえば、5の場面で「兵十のかげぼうしをふみふみ行きました。」という行動の叙述から距離も気持ちも大きく近づいたと考える。一方、場面終盤の「おれは引き合わないなぁ。」という心内語からは、ごんの落胆した様子を捉え、気持ちが大きく遠ざかったと考える。このように考え方のずれについて意見を交わすことで、一人一人が読みを深めていく。

学習活動3（①）は学習活動2のまとめにあたる。「ごんぎつね」の最終場面を描いた4つの挿絵を、光村と他社の教科書から用意する。他社の挿絵の特徴は、

・兵十がごんの背後から銃をかまえて狙っている。（教出四下）

・目の前で倒れたごんを兵十がのぞきこんでいる。（学図四下）

・横たわるごんを見て兵十が肩をおとしている。（東書四下）

である。この中から、各自が描いた曲線の結末に合う挿絵を選び、その理由を交流する。挿絵に描かれた人物の表情や視線を、行動や会話文といった叙述と結び付けて考えていく。

　学習活動4（①）では、情景に着目する。たとえば、1の場面の「空はからっと晴れていて、もずの声がキンキンひびいていました。」という情景からは、三日も外に出られずうずうずしていたが、やっと外に出られたというごんの晴れやかな気持ちと胸の高鳴りを読み取ることができるだろう。高学年の物語文でも登場することに触れ、学びの見通しをもてるよう、導きたい。

5　授業の実際（4時間目）

> 線を引いた箇所を出し合い、気付いたことを話し合おう。

―スイッチ3：行動と表情の対比から、感じ方の違いを捉える―

　どこに赤線を引いたか、互いに出し合いましょう。

「入口にくりを置いて帰りました。」と「兵十のうちへ持ってきてやりました。」に線が引けると思うな。

いわしを投げこんだときはうら口だったけど、今度は入口に置いている。場所が変わっているね。

ぼくも普段玄関から出入りするよ。入口からだと人に会いそうだし、兵十との距離は近づいている感じがするな。

場所も違うけど、「置いて帰りました。」と「持ってきてやりました。」だと、なんだか感じ方が違わない？

 では、文末の「ました」と「やりました」を比べると、どのような印象の違いがあるか、話し合ってみましょう。

「やりました」だと、なんだか偉そうな感じがする。

「本当はイヤなんだけどさぁ。」「仕方ないなぁ。」って思っていそう。

ごんのスイッチ3：行動と表情には「うら口から」「入口に」という場所を示す言葉が足されている。行動と合わせてその移り変わりに着目することで「遠くなった」「近づいた」という兵十との距離の変化に目を向けさせることができる。また、「置きました」「やりました」の文末表現に着目して言葉を比べることで、表現の効果や感じ方の違いを捉えることができる。 Point

―スイッチ3：行動と表情の対比から、スイッチ4：気持ち・心情を想像する―

 今度は「つけていく」と「ついていく」という二つの行動から、受け取る印象の違いについて話し合いましょう。

「つけていく」だと、こっそり。そろりそろり。「ついていく」だと、堂々と、普通に行っている感じがするな。

「ついていく」は人が近くにいない感じ。「つけていく」は近づいていて、いざとなったらすばやく隠れられそう。

でも、「二人の話を聞こうと思って」とあるよ。聞きたいと思って「ついていく」んでしょ？　こっちが近そうだよ？

たしかに。しかも、「思って」だから、ここは黄色の線だね。

黄色で引けますね。聞こう、聞きたいという気持ちがきっかけとなって、近づくという行動に移ったのですね。では、続きはどうか、考えてみましょう。

「かげぼうしをふみふみ行きました。」だから、赤だね。

かげを踏むのだから、兵十のすぐ後ろということだね。距離はすごく近づいているけど、すぐにばれてしまうから危険だよ！　でも、そこまでして話が聞きたかったのかなぁ。

次は「明くる日も、くりを持って出かけました。」だね。でも、前の場面でごんは「つまらない。引き合わない。」と思っていたのに、なぜ次の日も同じように来たのだろう？

たしかに。「引き合わない」と思ったら、「行くのをやめる」という行動につながりそうだよね。気持ちと行動が結び付かない感じがするな。

「話を聞きたい」から「ついていく」と、「引き合わない」けど「明くる日も持って出かける」だと、「気持ち」から「行動」への流れは同じだね。でも、「気持ち」が「行動」の理由やきっかけになっているかどうかが違うと思うな。

6　教材研究に込める思い

　「できた！　分かった！　を生み出す授業がしたい！」「でも、何をどう教えたらよいか分からない」そんなモヤモヤを抱えていたとき、「この人についていけば、絶対国語の授業がうまくなる！」と思わせてくる茅野先生と出会った。脱構築の中で、特に変化が大きかった3点について述べたいと思う。

　1つめは、作品として教材と向き合うようになったことだ。自分が一読者として作品の表現を味わい、楽しむ。「これ、みんなと考えたら面白そう」「どんな考えが出るかな？」そんなことを考えるとワクワクしてくる。自信に満ちた子どもの表情を思い浮かべて、教材と向き合えるようになった。

　2つめは、国語の見方を捉えられるようになったことだ。オノマトペや色彩、くりかえしなど、その作品の魅力的な表現に着目して物語を読む。その見方が前の作品とのつながりや、既習事項と結び付いたとき、まず、授業者に系統性が見えてくる。それを学習掲示物にする。すると、子どもが教室を見渡す姿が見られるようになった。「ヒントは教室にあるぞ！」そんな声が聞こえてきそうな、嬉しい瞬間だった。子どもが前の学びとのつながりを自覚できることは「できた！　分かった！」への一歩だと考える。

　3つめは授業を「面白い！」と感じられるようになったことだ。その大部分を、授業者の想定を超越した子どもの想像や気付きが生まれた瞬間が占める。「うわ、やられたぁ」「そう来たか！」その発想はなかったなと、思わずうなってしまう瞬間に出会えることが、たまらなく楽しい。授業を純粋に楽しむ遊び心とゆとりが生まれていることを自覚できるようになった。

　何度も自問自答をくり返し、作品と向き合うことで、どんな発想や疑問でも受け止められるようになった。それでも、自分の想像をはるかに超えた発想が生まれるから授業は「面白い！」と思う。これからもこの「面白い！」を原動力に、目の前の子どもと授業を作り上げていける授業者でありたい。

（山梨県・甲府市立池田小学校　古屋友己）

5年　物語文「大造じいさんとガン」（光村五）

ユニット3 「言葉」を見つめる　の実際

1　単元の目標

○登場人物の相互関係や心情などについて、描写を基に捉えることができる。

○人物像や物語などの全体像を具体的に想像したり、表現の効果を考えたりすることができる。

2　本単元で取り上げるユニット・スイッチ

ユニット3 「言葉」を見つめる

スイッチ1：くり返し、7：情景、9：文末、11：複合語・語調

3　過去の学びと授業に臨む私の願い

　これまで子どもたちは、人物の心情を捉える際には、行動、会話、表情を表す叙述に立ち止まって考えてきた。さらに4年「ごんぎつね」（光村四下など）では、スイッチ7：情景からも心情を捉えることを学んでいる。

　本教材「大造じいさんとガン」も、椋鳩十が描く情景が鮮やかに表現されており、大造じいさんの心情を捉える際の重要な描写になっている。

　情景にはスイッチ4：色ことばを含むものも多い。たとえば、本教材では「東の空が真っ赤に燃えて、朝が来ました。」という描写がある。この「真っ赤」から、大造じいさんの狩人としての燃えるような思いが読者に伝わってくる。それに対して、「ごんぎつね」では「青いけむりが、まだつつ口から細く出ていました」にも「青い」という色ことばが用いられている。「真っ赤」とは対比的に、青という色彩の悲しみや寂しさが読者の胸に迫る。

　また、本教材にはスイッチ1：くり返し、スイッチ9：文末、スイッチ

11：複合語が効果的に表現されており、大造じいさんと残雪の人物像や物語の全体像に迫ることができる。以前に学んだスイッチを生かし、自らの読みを形成する。そのような姿を願っている。

4　単元の流れ（全9時間）

　単元のねらいに迫り、対話を通して読みを深めるためには、子どもの読みに「ずれ」が生じるような学習課題の設定が不可欠である。

　初読の段階では、残雪の生き方に心を打たれる子が多く見られるだろう。しかし、子どもの中には大造じいさんの人間としての魅力を感じる子がいるはずである。そこで、その「ずれ」を生かし、「大造じいさんと残雪では、どちらに魅力を感じるか」という単元を貫く学習課題を設定したい。

　1・2時間目は、初発の感想を書き、交流する。感想を書く際には、「大造じいさんと残雪は、どのような人物像だろうか」と投げかける。そして、感想の交流を通して「ずれ」を生じさせ、ホワイトボードなどに魅力を感じる方にネームプレートを貼り、考えが可視化できるようにする。

　3〜5時間目は、大造じいさんの残雪への心情や相互関係を捉えていく。場面の移り変わりとともに大造じいさんの残雪への心情はどのように変容していくのか。大造じいさんの知略と計略、それに対する自信と執念を情景描写に立ち止まりながら読んでいきたい。

　6・7時間目に、いよいよ本単元の中心課題である「大造じいさんと残雪では、どちらに魅力を感じるか」を話し合う。この段階になると、大造じいさんに魅力を感じる子が増えてくるに違いない。文末やくり返しの表現に着目し、大造じいさんと残雪の人物像や物語の全体像に迫っていきたい。

　8・9時間目には、「大造じいさんと残雪は再び戦うのか」という問いが子どもから出されるだろう。「戦う」「戦わない」と二項対立的に議論する中で、「残雪のプライドが、大造じいさんの元に戻ることを許さない」のような「戦えない」という読みが出されることも想定できる。椋鳩十の豊潤な文学を味わいながら、自らの読みの世界と方略を広げてほしい。

5 授業の実際 (7時間目)

―スイッチ1：くり返し、11：複合語から大造じいさんの人物像を想像する―

> **大造じいさんと残雪では、自分はどちらに魅力を感じるだろう**

> それでは、学習課題について話し合っていきましょう。

> 大造じいさんは、晴れ晴れとした顔つきで、いつまでもいつまでも残雪を見守っているよね。そこから大造じいさんの優しさが伝わるから、私は大造じいさんの方が魅力的だな。

> つけたしで、「いつまでも、いつまでも」ってくり返しの表現だよね。1回でもずっと見守っている感じがするのに、くり返されているから、本当にずっとずっと見守っている感じがする。そこに、大造じいさんの優しさが表されている。

> そこのところで、「見守っていました」と書いてあるけど、「見ていました」ではないのはどうしてなの？

> では、「見守っていました」と「見ていました」から受け取る違いについて話し合いましょう。

> 「見ていました」は、第三者、知らない人が遠目から見ている。「見守っていました」は、親が子どもの成長を見守っているような感じがする。だから、「見守っていました」の方が、大造じいさんの残雪への清々しい気持ちが伝わってくるね。

> つけたしで、「守る」がないとぼーっと見ているだけに感じる。「守る」があると、あたたかい気持ちが伝わってくるから、大造じいさんの人物としての魅力が分かる。

> 「一つの花」にも出てきたよね。お父さんはゆみ子にコスモスの花を渡したでしょう。そこで、一つの花を「見ながら」ではなく「見つめながら」お父さんは戦争に行くよね。そこに、お父さんのゆみ子への気持ちが込められていた。だから、「見守っていました」の方が大造じいさんの残雪を思う気持ちが伝わってくる。

「見守っていました」は、あたたかいって言っていたよね。反対に、「見ていました」は冷たい感じがするよ。「見守っていました」は、大造じいさんが残雪を守っていて、包み込んでいる感じがする。

「一つの花」にも、「包まれています」ってあったよね。最後、コスモスの花にゆみ子は包まれていた。その表現からお父さんの愛情が感じられた。だから、「見守っています」から、大造じいさんの残雪への愛情みたいなものが伝わってくるから、私は大造じいさんの方に魅力を感じるな。

最初に、スイッチ1：くり返しから大造じいさんに魅力に迫った。このような読みを表出させるためにも、ノートの見とりと教師からのコメントが大切になってくる。また、スイッチ11：複合語からも、大造じいさんの人物像を捉えることができる。以前の物語で学んだ「一つの花」を想起して考えることにより、子どものイメージは豊かなものになるだろう。 Point

―スイッチ9：文末から残雪の人物像や物語の全体像を想像する―

次に、残雪の魅力についても考えてみましょう。

そこで疑問があるんだけど、残雪がおとりのガンを助ける場面があるよね。そこには「残雪です」と書いてある。今まで「でした」と書いてあったのに、どうしてここだけ「残雪です」なのか。何か違いがあるのかなと思った。

大きなかげが空を横切りました。その後、今までの書きぶりなら、「残雪でした」だね。でも、ここでは「残雪です」。この文末の違いから受ける感じ方について話し合いましょう。

文末が「でした」だと、終わってしまった感じがする。「残雪です」は、残雪の速さや物語の盛り上がりを感じる。「残雪でした」は、なんか来てほしくない感じ。だから「です」の方がいい。

つけたしで、文末が「です」だと残雪は一瞬で来たことが分かる。その「です」の方が、より仲間を助けたいという残雪の気持ちが読み手に伝わってくる。

たとえば「でした」は、特撮ドラマで表すと「追い詰められてないから別に来なくてもいいよ」みたいな感じ。「残雪です」は、追い詰められて来たから残雪がヒーローみたいに感じる。

ピンチの時にヒーローが来た方が盛り上がる。それが、文末の「です」の効果で、残雪の魅力が伝わってくる。

文末に着目することで、残雪の頭領としての人物像が読み手に伝わってくるから、すごいと思った。

私は物語を読んでいて、「残雪です」のところで、ハラハラドキドキするんだ。文末が「です」と変わるだけで、物語全体に緊張感や緊迫感も生まれるんだね。

スイッチ9：文末の表現の違いを考えることにより、残雪の人物像に深く迫ることができた。また表現の効果としても、現在形で書くことにより、物語に緊迫感と臨場感が生まれる。ぜひ、立ち止まって考えたいところである。

Point

6　教材研究に込める思い

　まずは、子どもたち同様に一読者となって作品を読んでいく。「どうして、大造じいさんは銃をおろしたのか」「どうして、大造じいさんは残雪を助けたのか」。空所があるゆえに、物語から問いがいくつも浮かび上がる。その問いに正対し、自分の解釈を導き出していく。それらは授業における学習課題となることも少なくない。これを「内容についての教材研究」とする。

　しかし、それだけで教材研究を終えてしまってはいないだろうか。忘れてはならないのは、国語科は言葉への見方や考え方を育んでいくということだ。そう考えると、内容を支える「表現についての教材研究」が不可欠になってくる。「この情景描写から、燃えるような大造じいさんの心情に迫れる」「『残

雪です』という文末表現は、物語全体に緊迫感や臨場感を生み出している」というように。この物語はどのように描かれているのか。本書のユニットやスイッチを用いての教材研究がこれにあたる。

この「内容」と「表現」を軸に教材を読み込み、具体的に授業を構想する。子どもは、どのような読みを紡ぎ出して単元のゴールまで進んでいくのか。最初は「点」だったものが、「線」としてのつながりが見えてくる。しかし、教師が敷いたレールに無理やり子どもを走らせてはならない。子どもの多様な読みに対応できるように、幾通りもの線をイメージすることが大切である。

そして、単元に入った後も教材研究は続く。私が考えた単元構想と子どもの読みの流れにずれが生じていないか。より深まりのある展開ができるのではないか。一人一人の子どもの読みを捉え、修正をかけて本時の細案として練り直していく。これは単元が終わるまで続くことになる。

その際に重要となるのがノート分析である。子どもの読みを見とり、その変容を追っていく。もちろん、内容と表現の双方からの深い教材研究がなければ、子どもの読みを評価することはできない。

ノートには、教師からのコメントが大きな教育的価値をもつだろう。発言への一助になるように励ましの言葉をかけ、価値付け、問い返していく。そのようなノートは、子どもにとって特別なものになるに違いない。

最後に、教材研究と簡単にいうが、いつも出口の見えない暗闇を彷徨っているようで、その道のりは実に険しい。だが、暗闇の先に一筋の光を見つける瞬間がある。それが教材研究の醍醐味といえるだろう。

今日もノートを集め、子どもの読みに目を通し、修正をかけて明日の授業を練り上げる。授業後には子どもの姿を思い浮かべ、自らの授業を問うていく。なんとも地道な日常だ。しかし、確かな道ではなかろうか。

（神奈川県・相模原市立清新小学校　櫛谷孝徳）

1年　説明文「どうやってみをまもるのかな」（東書一上）

ユニット1〜5を生かして単元のまとめに向かう　の実際

1　単元の目標

○事柄の順序に気を付けて、文章の内容を正しく読み取ることができる。

2　本単元で取り上げるユニット・スイッチ

> ユニット1〜5を生かして単元のまとめに向かう
>
> ユニット1：「設定」を見つめる　スイッチ2：題名
>
> ユニット2：「一文」を見つめる　スイッチ1：主語と述語
>
> ユニット3：「段落」を見つめる　スイッチ1：問いと答え
>
> ユニット4：「文章」を見つめる　スイッチ1：順序
>
> ユニット5：「距離」を見つめる　スイッチ1：知識・体験

3　過去の学びと授業に臨む私の願い

　本単元は、小学校に入学して数か月の子どもたちが、小学校生活で二番目に学習する説明文単元である。この時期の子どもたちにおいては、絵本を1ページずつめくっていくようなワクワク感のある授業を展開する中で、新しい発見をしたり、学びを深めたりして、「学校って楽しいな」「授業って楽しいな」という思いを存分に感じてもらうことが大切であると考えている。

　そのためにはまず、ユニット1：「設定」を見つめるのスイッチ2：題名から、読者の興味をそそるような題名に着目し、子どもたちの学びたいという意欲を高められるように導入を工夫していく。

　そして本文を読み進めていくにあたっては、次の4つのスイッチに着目することで、単元目標に迫っていきたい。

○ユニット2：「一文」を見つめるの　スイッチ1：主語と述語

　前単元「さとうとしお」で学習した文型「これは、○○です。」と同じ文型を使った説明文である。

○ユニット3：「段落」を見つめるの　スイッチ1：問いと答え

　三種類の動物の説明がすべて「これは、○○です。（説明）」「どのようにしてみをまもるのでしょう。（質問）」「○○は、〜のようにしてみをまもります。てきがきたら…。（答え）」という文章構成になっている。

○ユニット4：「文章」を見つめるの　スイッチ1：順序

　三種類の動物のうち、最後に出てくるスカンクだけ、それまでの文章構成から少し発展した構成となっている。

○ユニット5：「距離」を見つめるの　スイッチ1：知識・体験

　挿絵の中から見つけたことをたっぷりと話し合ったり、読み取ったことを動作化したりすることで、この時期の子どもたちにとって親しみやすい動物という題材をさらに身近に感じることができるだろう。

4　単元の流れ（全6時間）

　単元の1時間目では、題名から想像することを自由に話し合う。「走って逃げる」「どこかに隠れる」など、自分だったらどうやって身を守るのかを話し合わせることで、「では、動物はどうやって身を守っているのだろう」という疑問をもった状態で本文と出合えるようにしたい。

　単元の2〜4時間目では、ヤマアラシ、アルマジロ、スカンクの順序で動物の身の守り方を読み取っていく。ヤマアラシを学習後、アルマジロの本文を読み取る際には、子どもたちの中から「ヤマアラシの時と同じだ！」「スカンクも同じかもしれない！」というように、ヤマアラシの文章構成と比べながら新たな発見ができることを期待したい。そして、その予想をもった上でスカンクの文章に出合い、「てきがにげないと……。」という文が増えていることを学べるようにしていく。

　このように既習事項を生かして学習を進め、新たな発見ができたとき、子

どもたちは学ぶことの楽しさを実感し、そこからさらに新しい学習課題を作り出すものである。スカンクまで読み終えた子どもたちからも、「他の動物はどうやって身をまもっているのだろう」という新たな疑問がわくのではないかと考えた。

　そのための種まきとして単元の導入時には、本教材と同様の題名の絵本を読み聞かせ、本教材には出てこないエリマキトカゲやハリネズミの絵も紹介しておきたい。そうすることで、教科書に出てくる三種類の動物を学習した後に、「あれ？　まだ、エリマキトカゲの説明が出てきていない…」「だったら自分たち作ってみよう！」という思考の流れが期待できるからである。

　こうした流れを想定して、単元の５〜６時間目では、学習したことを生かして、自分たちでオリジナルの説明文を考える活動を設定した。

5　授業の実際（5時間目）

―ユニット１〜５を生かして単元のまとめに向かう―

エリマキトカゲの身の守り方を説明しよう。

前回みんなが「他の動物の説明もできそう」と言っていたので、今日からは自分たちで「どうやってみをまもるのかな」の説明文を作りたいと思います。まだ教科書には出てきていない動物がいたよね。（エリマキトカゲの絵①敵が来る前の様子 を見せる。）体の様子について、特徴はありますか。

絵①

・しっぽが長い。ネズミみたい
・体の色が、木と同じ。
・○○さんと△△さん（が単元の導入で言っていた、「自分だったら草と同じ色になって隠れる」という身の守り方）に似ているね。
・足が長い。カエルの足みたい。

・耳がたれています。　　・耳じゃなくて、ひれじゃない？
・（耳だと言っている部分の形が）ポテトチップスみたい。
・ドレスみたいだけど、首の周りにドレスがあったら邪魔。
（この話し合いの後、「エリ」という名称であることを知る。）

みんなが今言っていた部分は、「エリ」といいます。

ユニット5「距離」を見つめる　スイッチ1：知識・体験、挿絵を見て気づいたこと
を話し合う活動を取り入れ、エリマキトカゲという学習対象と子どもたちの距離を
縮めることを心掛けた。そうすることで、子どもたちの「学んでみたい」
という意欲が高まり、主体的な学びにつながっていくと考えている。 **Point**

それでは、この動物の身の守り方を予想してみましょう。

・しっぽで敵をペシペシする。　　・木と同じ色になってごまかす。
・長い足で敵をキックする。

みんなの予想が合っているかもう一枚の絵（エリマキトカゲの絵
②敵が来たときの様子）を見てみましょう。絵を見るための、「ペ
ラリの言葉」は…？

「どのようにして、みをまもるのでしょう。」だ！

ユニット3：「段落」を見つめる　スイッチ1：問いと答えから、「どのようにして、
みをまもるのでしょう。」という文の後にページをめくると、絵② が出てくること
を学習した。このことから「どのようにして、みをまもるのでしょう。」を、「ペラリ
の言葉」と呼ぶようになっていた。学びの中で作った、学級のオリジ
ナルの言葉は、題材を身近に感じるためにとても有効なので大切にしたい。 **Point**

（を見てエリマキトカゲの身の守り方について考える）
・えりを大きくして、「こわいだろ！」って言っておどかす。
・（身の守り方が）ヤマアラシみたいだね。
・この中の言葉を使えば説明ができる！あとは文を作る！

絵②

そうだね。では、最初にどんな文を作ればいいでしょうか。

・「これは、エリマキトカゲです。」【ユニット2スイッチ1】
・「エリをつかって…。」それは 答え になっちゃうか。
・説明 が入るんじゃない？
・「顔のまわりにはペラペラがついています。」かな。
・ペラペラはさっき習った言葉で、エリ！

・まだ完成じゃない。答え がいる。【ユニット3スイッチ1】
・「エリをたててみをまもります。」だと思う。
・その前に、「てきがきたら」を入れなきゃ。
・「てきがきたら、えりをひろげておどかしてみをまもります。」かな。

【完成したエリマキトカゲの説明文】
これは、えりまきとかげです。説明
えりまきとかげのかおのまわりには、エリがついています。
どのようにして、みをまもるのでしょう。質問
えりまきとかげは、エリをたててみをまもります。答え
てきがきたら、エリをひろげておどかして、みをまもります。

今までに習得したスイッチを子どもたちがすすんで活用して、新しい学習課題に取り組むことができた。その達成感が「さらに他の動物の説明も考えてみたい。」という新たな学びへの原動力となると考える。

Point

6　教材研究に込める思い

　本単元を構成するにあたって最初に考えたことは、「今目の前にしている子どもたちなら、自分たちで説明文を作るところまでできるかもしれない。」という大きな期待であった。そして、「5　授業の実際」からも分かるように、子どもたちが既習事項を生かしながら学習を進め、説明文を完成させることができた。この達成感がさらなる学びへの意欲となり、6時間目にハリネズミの説明文を個人で作成した際には、「先生、他の動物の説明も考えていい？」と目をキラキラ輝かせながら説明文を考える子が続出した。右の説明文は、そのうちの一部である。

　このように、教師の想定を超えて、自分たちで新しい学びを生み出していく子どもたちに出会う瞬間が、私はたまらなく好きである。そこに、子どもたちがもつ無限の可能性を感じ、それをさらに引き出していきたいという新たな情熱の灯が、私自身に灯るからである。ただし、想定を超える子どもを育てるためには、教師がしっかりと想定をもっておく必要がある。子どもたちは今、どのスイッチを習得しているのか。いわゆる「子どもの実態」をしっかりと把握した上で、習得・活用させたいスイッチを明確にし、そのねらいに迫るためにどのような学習活動を取り入れていけばよいのかを研究し続ける必要があると考えている。子どもたちを育てるために、私自身が学び続ける教師でありたいと思う。

（神奈川県・平塚市立大原小学校　野田亜矢）

2年　説明文「さけが大きくなるまで」（教出二下）

ユニット4 「文章」を見つめる　の実際

1　単元の目標

○さけが大きくなる様子を、時・場所・大きさや様子を表す言葉に気をつけ、読み取ることができる。

○文章の内容と自分の体験とを結び付けて、わかったことや考えたことを伝えることができる。

2　本単元で取り上げるユニット・スイッチ

ユニット4 「文章」を見つめる
スイッチ1：順序

3　過去の学びと授業に臨む私の願い

　1年生で読んだ「すずめのくらし」「だれが、たべたのでしょう」ではユニット3「段落」を見つめるのスイッチ1：問いと答えについて、「はたらく　じどう車」ではスイッチ2：要点（やくわりとつくり）について学んできた。また、「みぶりでつたえる」では、ユニット2：一文を見つめる」のスイッチ6：資料と文の関係に着目してきた。1年生での学びを振り返ると、一文や段落といった文章の「部分」に焦点を当てて、その役割と効果について考えてきていることが分かる。一方で、2年生で読んだ「すみれとあり」では、文章の「全体」へと視野を広げ、「問いから答えまでの過程」を読み取ってきた。その際、ユニット4「文章」を見つめるのスイッチ1：順序に関わる「時間や事柄の順序を表す言葉」がヒントになることに気付いてきた。

　本教材「さけが大きくなるまで」も、「時（季節）」といった「時間的な順

序」を表す言葉がたくさん使われている。また、「場所」「数字（大きさ）」「そして」「やがて」「けれども」といった接続詞や、「あの」「その」「それ」といった指示語などの「事柄の順序」を表す言葉もたくさん使われている。さらに、「〜でしょう」「〜のです」といった問いやまとめを表す文末表現も使われており、段落と段落、文と文、語と語のつながりを味わえる言葉がたくさんちりばめられている。これまで学んできたことを生かして、文章全体からさけの成長の過程を正しい順序で読み取れるようにしていきたい。

4　単元の流れ

　子どもたちが自然に「順序」を表す言葉に着目するためには、「順序」が分からない状況を作り出すことが望ましい。「どのような順番になるのだろう」と悩み、他者との考えの「ずれ」を味わいながら、対話を通して客観的な根拠となる「順序を表す言葉」に着目できるようにしたい。そこで、本単元では教材を形式段落ごとに切って短冊にし、並び替える活動を取り入れる。

　1時間目は、単元のとびらを読んで、想像したことを話し合う。さけについて知っていることや写真から想像したことを話し合い、さけのイメージを共有する。「ジャンプして川を上る理由」についても問い、教材文への関心を高めたい。

　2・3時間目は、形式段落ごとに切った短冊を渡して、どのような順番に並べればよいのか考える。その際、10の段落のうち「すべての段落」「最初と最後以外の8つの段落」「全文を半分にする（1〜6と7〜10）」など、子どもたちの実態に応じて提示の仕方を変えてもよい。子どもたちは渡された短冊を机の上に広げて並び替えながら、なぞ解きをするように根拠となる叙述にラインを引いたり理由を記入したりしていく。

　4〜8時間目は、拡大した短冊を黒板にはり、子どもたちとともに「どの順番になるのか」を話し合う。「教科書に載っている答え」を導き出すためではなく、「みんなが納得できる順番」について検討することを通して、客観的な根拠となる「順序を表す言葉」に着目できるようにしていく。

9〜11時間目は、さけが大きくなる様子について、分かったことや考えたこと、調べたことなどをまとめる活動に取り組む。生活科の観察記録に繋げたり、生き物の不思議を紹介する活動に繋げたりしながら、考えたことを整理する活動を取り入れたい。その後、まとめた内容を発表することにも発展させたい。

5　授業の実際（4〜8時間目）

―スイッチ1「順序」に着目して

「みんなが納得できる順番」について話し合う―

短冊をどのような順番に並べればよいのだろう。

さぁ、短冊は、どの順番になると思いますか。

季節は春・夏・秋・冬で、春から始まるから、
最初は「春になるころ」と書いてある短冊だと思う。

でも、「春になるころ」の後に「5センチメートルぐらいになったさけの子どもたちは」って書いてあるよ。
いきなり、「5センチメートルぐらいになった」は来ないんじゃないかな。

これまでに読んできた説明文は、問いから始まっていたから、最初は「問いかけの文」が入るんじゃないかな。

「どこで生まれ、どのようにして大きくなったのでしょう」と書いてある。「〜でしょう」って問いかける文末があるから、きっとこの短冊が最初に入ると思うよ。

なるほど。最初は「問い」から始まるんだね。
では、次は、どの短冊がつながるだろう？

さっきの「5センチメートルぐらいになった」というのが気になります。もしかしたら、もっと小さいときが書かれているかもしれません。どこにあるだろう。

「冬の間に、たまごからさけの赤ちゃんが生まれます。大きさは3センチメートルぐらいです。」って書いてある短冊があるよ。でも、たまごはどこから出てきたのだろう。いきなり生まれるところからでいいのかな。

「秋になるころから、大人のさけは、たくさんあつまって、たまごをうみに、海から川へやってきます。」と書いてある短冊があるよ。たまごをうむところから、話が始まっているのではないかな。春ではなくて秋からスタートするのかもしれないよ。

スイッチ1：順序が表れている叙述を根拠にしながら、みんなが納得できる短冊の並び方について話し合い始めた。最初にどの短冊が入るかを考えるだけでも、「季節」「数字」といった「順序を表す言葉」に着目できる。また、1年生のユニット3「段落」のスイッチ1：問いと答えで学んできた「問いかけの文末表現」や、ユニット2「一文」のスイッチ6：資料と文の関係に気付くこともできる。教師が、子どもたちの考えから、これまで学んできた各ユニット・スイッチの表現を価値付けることができれば、さらに子どもたちのまなざしが叙述へと向いていく。子どもたちに自由に発言させながらも、価値付けることで、既習と本教材の学びを繋げていきたい。　Point

 季節や数字の他にもどの段落と段落がつながっているか分かる表現はあるかな。

「大人のさけは、たくさんあつまって、たまごをうみに、海から川へやってきます。そして、いきおいよく川を上ります。」と書いてある短冊の後には、「やがて、水のきれいな川上にたどりつくと・・・」と書いてある短冊がつながると思う。

たしかに。「川上へ川上へとすすんでいきます」と書いてある短冊には、「やがて、水のきれいな川上にたどりつくと…」と書いてある短冊がつながると、場所がつながって感じられるね。

なるほど。「季節」や「数字（さけの大きさ）」だけでなく、「場所」のつながりもあるのですね。他にも「場所」がつながっているところはありますか。

あれっ？「海の水になれて、体がしっかりしてくると、いよいよ、広い海でのくらしがはじまります」って書いてある短冊がある。いつ、また海にいったのだろう？

「川を下ってきたさけの子どもたちは、一か月ぐらいの間、川の水と海の水がまじった川口の近くでくらします」と書いてある短冊があるよ。川を下ってきて、川口で川から海へと場面が変わっているんだね。

「数字」を見ても、たまごから生まれたときが３センチメートルで、そこから４センチメートル、５センチメートル、８センチメートルと大きくなってきているから、きっとその順番だね。

「順序を表す言葉」には、「場所」もある。子どもたちの目に留まりやすい「季節」や「数字」だけでなく、「場所」も「北の海から川へ。そして、川から海へ」と移り変わっていることに気づかせたい。子どもたちの実態に応じて、短冊の並び順について自由に発言させながら、教師が価値付けてもよいし、「数字」に絞って検討する時間、「場所」に絞って検討する時間と、着目する対象を限定して、子どもたちと話し合ってもよい。子どもたちの実態を踏まえて、教師の問い方も変えていくことが望ましい。

「ぶじに生きのこったさけは、三年も四年も海をおよぎ回ります」という一文だけの短冊があります。
この短冊には「季節」も「数字」も「場所」も書かれていないのだけど、どの短冊とつながるかわかりますか。

最初の問いかけの後か、最後の方じゃないと、場所が「海」ではなくなってしまうよね。

「海には、たくさんの食べものがあります。それを食べて、ぐんぐん大きくなります。けれども、さめやあざらしなどに食べられてしまうなかまもたくさんいます。」と書いてある短冊があるよ。もしかしたら、この短冊につながるのかもしれないよ。

場所も海だし、「けれども、さめやあざらしなどに食べられてしまうなかまもたくさんいます」という接続詞の後の文章とのつながりを考えると、順番がつながるね。

最後は「そして、大きくなって、たまごをうむ時が近づくと、北の海から自分が生まれたもとの川へ帰ってくるのです」という短冊で終わりそうだね。「のです」という文末がまとめらしいし、最初の短冊の「北の海」に、また戻ってくるんだね。

「順序を表す言葉」などの形式的な表現だけでなく、説明文の内容に着目したつながりを見つけることも大切である。子どもたちが気づいた「たまごつながりだね」などの「内容のつながり」も大切にして、多くの気付きを肯定的に受け止めていきたい。

Point

6　教材研究に込める思い

　低学年の子どもは、まるで新しい絵本と出合うときのように、教科書の次のページに書かれた新たな教材と出合うことを楽しみにしている。その一方で、一度読み終えたら満足してしまい、学びがその教材の中でのみ完結してしまいがちである。絵本を通して何度も出合ってきた物語文に比べ、圧倒的に読んできた文章数が少ない説明文においては、筆者の主張や事例等、その教材だから学べる内容に迫るとともに、筆者の書き方の工夫にも目を向け、この教材で学んだことを、これから出合う説明文の学びにも生かせるようにしていく必要がある。そのためには、子どもたちが親しみやすい教材との出合い方を見つけ、教材の世界に没頭できるように工夫するとともに、「明日から自分も使ってみたい」と感じられるような気付きを授業の中にちりばめたい。この教材だから味わえる内容と、どの教材でも活用できる説明文の形式の両者を学ぶことができる授業を目指したい。

（東京都・調布市立八雲台小学校　久我隆一）

3年　説明文「言葉で遊ぼう」「こまを楽しむ」（光村三上）「めだか」（教出三上）

ユニット3 「段落」を見つめる　の実際

1　単元の目標

○考えとそれを支える理由や事例との関係について理解することができる。

○段落相互の関係に着目しながら，考えとそれを支える理由や事例との関係などについて，叙述を基に捉えることができる。

2　本単元で取り上げるユニット・スイッチ

> ユニット3 「段落」を見つめる
> スイッチ1：問いと答え、スイッチ5：段落のまとまり

3　過去の学びと授業に臨む私の願い

　2年生までに「問い」と「答え」が説明文に含まれていることに関して学んでいる。そのため、段落という言葉や意味を知らなくても、「段落」を見つめるスイッチは身に付いていると感じた。既習をもとに新たな知識として「段落」の概念を知ることで、「段落のまとまり」に迫れると考えた。

　今後の説明文の学習に生かすための視点として、スイッチ1：問いと答えとスイッチ5：段落のまとまりを取り上げる。特に、スイッチ5「段落のまとまり」として「形式段落」と「意味段落」を捉えさせたい。3年生の説明的文章では、「意味段落」として「始め－中－終わり」を構成し、論を進めているものが多い。「始め」に問い・話題提示、「終わり」にまとめが述べられている。スイッチ1の視点を働かせることで、「中」では、「問い」の「答え」となる事例が挙げられていることに気付くことができる。その気付きを

生かしスイッチ5：段落のまとまりの視点を用いて「意味段落」の関係を捉えることにつなげたい。

4　単元の流れ（全7時間）

第1・2時：「言葉で遊ぼう」の段落構成を考える。

「言葉で遊ぼう」は、全部で五つの「形式段落」で成り立っている。その五つの形式段落を並び替えることで、どのような順序で文章を構成しているのか考える。

自分の考えと筆者の文章構成を比較し、それぞれ感じたことを伝え合う。「段落相互の関係」として、全体の「問い」を受けて、「中」でその問いに対する答えとして事例を挙げて説明していることを捉える。

第3・4時：「めだか」を読み、説明の仕方について考える。

「言葉で遊ぼう」で学んだ「形式段落」を捉え、「始め－中－終わり」のスイッチ5「段落のまとまり」の「意味段落」を読み取れるようにする。

「段落のまとまり」に着目し、どのような順序で説明しているのか自分の考えをもつ。

第5・6時：「こまを楽しむ」の説明の仕方について考えを交流する。

前時までのスイッチ1、5を生かして「こまを楽しむ」の段落のまとまりに着目しながら事例の挙げ方や順序について考える。考えを交流し、「言葉で遊ぼう」「メダカ」と比べ、「段落相互の関係」に関する自分の考えをもつ。

第7時：単元の振り返り

スイッチをもとに「段落」それぞれに役割があること、「段落相互の関係」としての「意味段落」「問いと答え」の関係ついて学んだことを振り返る。

5　授業の実際

ースイッチ1「段落のまとまり」に着目して（1・2時間目）
説明のプロはどうやって段落を使っているのだろうー

説明のプロはどうやって段落を使っているのだろう。

教材文を形式段落ごとにA〜Eに分け、子どもたちに配付する。配付した資料をもとに形式段落の文章を並び替え、どのようなまとまりがあるのか考えることとした。

みんなはどのように並び替えましたか。

並び替えた自分の考えをGIGA端末を用いて、提出する。

では、みんなの考えを見て、気付いたことを話し合いましょう。

Dの段落が「最初」で、Cの段落が「最後」というのはみんな同じだよ。

Dの段落には、「どのようなものがあるのでしょうか。」「どのような楽しさがあるのでしょうか。」という問いかけがあるよ。だから、「問い」になるから初めの段落になると思う。

Cの段落には、「このように」という言葉があって、「この」は「こそあど言葉」だから、前までの文章をまとめていると思う。

まとめ　　答え　　問い

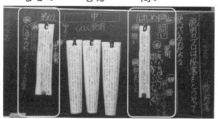

形式段落についての確認とスイッチ1の関係のふり返りをした。このことがスイッチ5：段落のまとまりに気付くきっかけとなった。

最初に、スイッチ1：問いと答えをもとに「言葉で遊ぼう」の「形式段落」の並び替えを行なった。今までの学びを振り返りつつ、感覚で感じてきた「段落」についての知識を身に付けることにつなげた。並び替える中で、それぞれの「形式段落」に役割があること気付くことで、スイッチ5：段落のまとまりへの意識を高まっていた。

「中」はどのような順番で説明しているのだろう？

「中」の事例にあたる形式段落の並び替えを行った。それぞれどのような順序で構成されているのか考えることでスイッチ5：段落のまとまりについて考えた。

→それぞれの考えを可視化する

Aの段落は、2年生の学習でも扱っている回文だからみんなが知っている。きっと最初に説明すると思うよ。

Bの段落のしゃれの方が先じゃないかな。だって、回文という言葉よりもしゃれの方がみんな知っているものだと思うよ。

Eの段落のアナグラムはみんな知らない言葉だから、最後に伝えて、こんなものもあるんだって読者に気付かせているんじゃないかな。

並び替える中で、「初め」と「終わり」は共通するのに、「中」にずれが生じることに気付いた。そのずれをもとに考えを交流することで、スイッチ5：段落のまとまりを考えることができた。「中」では、筆者がより読者に分かりやすくなるよう意図的に順序を工夫しながら問いの答えを示していることに気付き、他の説明文への興味にもつながった。

「めだか」の説明が分かりやすいのか？—

「めだか」の説明は分かりやすいか、話し合いましょう。

「めだか」は、「このように」が使われていないから分かりにくいと感じたんだけど、みんなはどう？

「このように」がないけれど、まとめられている段落があるんだよね。段落のまとまりはどうなっていますか。

「言葉で遊ぼう」と違って、第一に、第二にと書かれているので、段落同士をつなげて説明しているよ。

中の部分で「一方で」と書かれているから、違う話題に変わっている段落もあるよ。

段落の役割がはっきりしているから「このように」がなくても意味段落（段落のまとまり）として分かりやすいよ。

考えを整理していく中で、段落の役割と段落のまとまりに気付いた。

6　教材研究に込める思い

　子どもたちに身に付けさせたい資質・能力を考え、単元を構成するために教材研究は必要不可欠である。しかし、「こういう力を身に付けるんだよ」と明確に示すことで、力として積み重なるかと言えばそうではない。子どもたちが自ら考え、今日の学びをこれからに生かせそうと思うことができなければ学びはつながらない。だからこそ、「学びの連続性」を大切にしたい。子どもたちが自分たちの言葉で名付けた学習用語や気付いた言葉をもとに身に付けたスイッチを生かそうとする工夫が必要である。その例として以下のように、年間を通して子どもたちとの学びを教室掲示として残した。

働かせたスイッチを子どもたちの言葉をもとに残していくことで、様々な場面で活用するきっかけとなります。

　子どもたちはこの学習を、書くことにおいて段落の構成を考えることにつなげていた。「始め－中－終わり」の構成や「意味段落における段落相互の関係」を意識して書くことができた。実際に活用するイメージをもって教材研究を行うと「学びの連続性」が高まるはずである。

（神奈川県・川崎市立東小倉小学校　森　壽彦）

【参考】教育科学国語教育『子どもを動かす「発問・指示」』(2022) 明治図書
中学年・説明文教材文モデル・森　壽彦

［ おわりに ］

　私は、神奈川県川崎市で小学校教員としての第一歩を踏み出しました。最初に担任したのは3年3組33人の子どもたち。新米教師を先輩の先生方、保護者の皆様が支えてくださり、教師という仕事のすばらしさ、責任感を存分に味わうことができました。それから二十数年の時が経ち、大学に職場を移してからは、これから教師になるストマス院生、さらに学びを深めたいと入学してきた現職院生、様々な学校や自治体で出会った先生方とともに、国語科の教材・授業研究に明け暮れる日々を送っています。

　さて、20代をふり返ると、授業がうまくなりたい一心で、先輩に相談し、様々な研修会・研究会に足を運び、書籍を多読していました。その中で、「赤い実はじけた」「大陸は動く」など今でも思い出す教材にも出会いました。しかし、当時の私は、「麦畑」という物語文に魅力を感じず、授業づくりに困った記憶があります。今思えば、「麦畑」に魅力がなかったのではなく、魅力を感じるアンテナを私がもっていなかったのです。「麦畑」、ごめんね。

　本書には、私がこれまで集めてきた教材研究のユニットとスイッチをぎゅっと詰め込みました。紹介した合計10のユニットと63のスイッチがあれば、教材の魅力と巧みな書き手の技量を実感できると確信しています。本書が、一人でも多くの先生の教材研究を支える一助となれば幸いです。

　最後になりますが、研究会「創造国語」の同志たち。教職大学院の院生たち。第4章の執筆者、久我隆一先生、櫛谷孝徳先生、野田亜矢先生、古屋友己先生、本田芙裕美先生、森壽彦先生。これからも国語談義に花を咲かせましょうね。東洋館出版社西田亜希子様、杉森尚貴様。企画から刊行までの長丁場、根気強く対応してくださり、心より感謝致します。今後もよろしくお願いします。恩師である府川源一郎先生、髙木まさき先生。お二人には到底及びませんが、一歩でも近づけるようにこれからも学び続けます。

令和5年3月吉日　　　　　　　　　　　　　　　　　　　　茅野政徳

【執筆者紹介】

〈第 1 章〜第 3 章〉

茅野政徳 （かやの・まさのり）

山梨大学大学院 准教授

川崎市の公立小学校に勤務後、横浜国立大学教育人間科学部附属横浜小学校、東京学芸大学附属竹早小学校で教鞭をとり、2018年から現職。
光村図書出版小学校国語教科書編集委員
【編著】
『板書で見る全単元の授業のすべて 国語 小学校 3 年上』東洋館出版社、2020年 3 月
『板書で見る全単元の授業のすべて 国語 小学校 3 年下』東洋館出版社、2020年 8 月
『指導と評価を一体化する 小学校国語実践事例集』東洋館出版社、2021年 3 月
『「まったく書けない」子の苦手を克服！ 教室で使えるカクトレ 低学年／中学年／高学年』東洋館出版社、2022年 7 月

〈第 4 章〉

本田芙裕美　（神奈川県・相模原市立中野小学校）
　　　　　　　2 年物語文「スーホと白い馬」

古屋友己　（山梨県・甲府市立山城小学校）
　　　　　　4 年物語文「ごんぎつね」

櫛谷孝徳　（神奈川県・相模原市立清新小学校）
　　　　　　5 年物語文「大造じいさんとガン」

野田亜矢　（神奈川県・平塚市立大原小学校）
　　　　　　1 年説明文「どうやってみをまもるのかな」

久我隆一　（東京都・調布市立八雲台小学校）
　　　　　　2 年説明文「さけが大きくなるまで」

森　壽彦　（神奈川県・川崎市立東小倉小学校）
　　　　　　3 年説明文「言葉で遊ぼう」「こまを楽しむ」「めだか」

小学校国語　教材研究ハンドブック

2023（令和5）年3月25日　初版第1刷発行

編　著　　　茅野政徳
発行者　　　錦織　圭之介
発行所　　　株式会社　東洋館出版社
　　　　　　〒101-0054　東京都千代田区神田錦町2-9-1
　　　　　　コンフォール安田ビル
　　　　　　営業部 TEL：03-6778-7278　fax：03-5281-8092
　　　　　　URL：https://www.toyokan.co.jp
編集担当　　西田亜希子（東洋館出版社）
装幀　　　　國枝達也
本文デザイン・組版　株式会社明昌堂
印刷製本　　株式会社シナノ

ISBN 978-4-491-04763-8／Printed in Japan